JN000852

見守りテック

スマホでできるスマートホーム化の極意

和田 亜希子 著　イラスト：石玉サコ

■プロローグ

「まだまだ二人とも元気で、何の問題なし！」と思っていた実家の両親。でもあるとき、ちょっとした変化にハッとさせられる瞬間がやってきます。ソファから簡単に立ち上がれず、ちょっと時間がかかって恥ずかしそうにしていたり、電話で話していたら何度も同じ質問をしてきたり。久しぶりに帰省したときに親の「老い」を感じて軽いショックを受けたという方もいるでしょう。

同世代との話題にも、ちょっとずつ「親の介護トーク」が混じり始めます。「家の中で転倒骨折したら急に老け込んじゃって。このまま介護生活に突入かも」「1人暮らしになった母親の世話のため、早期退職でUターンも検討している」なんて話を聞いていると、ひとごとじゃないなと不安になったりもしますよね。

本書を手に取ってくれた方の中には、両親ともに健在だけど「いざというときに慌てないよう」今から情報収集を始めている人もいるでしょう。その準備周到さ、本当に素晴らしいと思います。「親の老い」は、誰にとっても気が重たくなるテーマです。考え始めると憂鬱（ゆうう つ）になるので、ギリギリまで目を背けてしまう人がほとんどのはず。実際、私自身もそうでした。

ご両親のうちどちらかが先立ち、残ったもう一人の親の見守りをどうするかが大きな課題になっているという方もいるでしょう。伴侶の他界が引き金となり、軽いうつ状態になったり、認知症を発症してしまったりする人も少なくないようです。近くに住んでいれば様子を見に行くのもまだ楽ですが、遠く離れて暮らしているとサポートも結構大変ですよね。

子供に迷惑かけないよう
元気でいなきゃ！
70代
40代
親は
まだまだ元気！
50代前半
最近身体も自由に
動かないし気力がない…
80代前半
言動がちょっとヘン
認知症？
娘は施設を
勧めるけどまだ自分の家で
暮らしたいのに…
80代後半
おかあさん一人の
生活は危なすぎる！
何かあったら…
50代後半

「高齢の親の見守り」は、まだ先の人にとっても、今直面している人にとっても重たいテーマであることは間違いありません。でもこう考えることもできます。

●「重たいものは軽くできる」

工夫とアイデア次第で。あるいは何か便利な道具を使うことで。もしくは発想の転換で。「ああ、重たい重たい……」と心の中で繰り返していると、その重さは肩にずしりと食い込むほどにさらに重たくなります。そうではなく、どうしたらもっと軽くなるか、無理なくできて皆がハッピーになれるか探求してみることが大事です。

次々と課題が沸き起こってくると、眉間にシワがよってしまいますが、「もー、どうすりゃいいって言うのよ……」と投げやりなつぶやきが出てしまうのを封印し、「さてさて、どうやって解決しようかしらん」とあえて声に出して言ってみるのです。できればちょっとニヤリとほほ笑みながら。

「親の見守り」にからむ課題にも、いろいろな解決法があります。その中のひとつが、本書のテーマである「スマホ見守り」です。もちろん万能ではありませんし、どんなシチュエーションでも使えるわけではありません。ただ「離れて暮らす親を見守りたい」というニーズを抱えている方であれば、導入することできっと安心感がアップしますし、リスクと無駄な労力を減らすことができるかなと思います。

●見守りも「リモート」でできる時代に

新型コロナでリモートワークが一気に普及し、オンライン上での会議や打ち合わせも当たり前の世の中になりました。趣味の習い事や日々のトレーニングも「オンライン」という人が急増しています。同じように高齢の親の見守りやサポートも、ある程度リモートで可能なのです。

「いや、うちの親には無理。インターネットどころかスマホだって使ってないのに」なんて思った方もいるでしょう。親がスマホを使っていなくても大丈夫。インターネットも最近は置いて電源につなぐだけで使えるサービスもあり、安価かつ手軽に導入できるようになりました。

必要なのは、あなた自身のスマホ、そしていくつかのちょっとしたアイテムです。それらを組み合わせることで、誰でも簡単にDIYの実家見守りシステムを作ることができるのです。親が倒れて長時間動けなくなっている、エアコンを付けずに熱中症になってしまった、ふらりと外出してそのまま行方不明になってしまった――。一歩間違えば「孤立死」にもつながりかねないリスクがある事態ですが、そんなことにも遠隔地から対処できるのです。

●スマートホーム製品を「親の見守り」に転用

本書で提案する「スマホ見守り」は、父の死後、1人暮らしとなった母親の安否確認と不便さ解消のため、私が試行錯誤しながら組み立てたものです。といっても特別なものでは全くありません。ITで生活を快適にする「スマートホーム」のための製品を、高齢者の見守りに転用してみただけです。

同じような取り組みをしている人はたくさんいると思いますが、まだ「スマートホーム」自体の認知度があまり高くなく、見守りに転用できる便利アイテムも比較的最近発売されたものが多いので、存在に気付いていない人もたくさんいます。

一例をあげましょう。

「スマート温湿度計」というアイテムがあります。スマート温湿度計を実家のリビングに設置すると、どこからでもスマホでリビングの室温を確認できます。さらに「スマートリモコン」という遠隔地から様々なリモコンを操作できるアイテムもあります。実家のリビングにこれを置くことで、リビングのエアコンをどこからでもスマホでオンオフできるのです。この二つを使うことで、実家のリビングが暑かったらエアコンを付けるといったことが遠隔でできるようになります。さらに、スマホアプリで「室温が28度を超えたら自動でエアコンをオン」といった自動処理もできるのです。

「スマートドアベル」という製品もあります。通常のドアベルは、家の中に設置したモニターでしか玄関前を映し出せませんよね。スマートドアベルは、離れた場所にいてもスマホで来客の顔を見ながら会話ができる製品です。1人暮らしの高齢者は、悪質な訪問販売やリフォーム詐欺に狙われがち。特に認知症で判断力が低下し始めると、相手の話に容易に誘導されてしまうのです。そこで「スマートドアベル」の出番です。玄関に設置すれば、怪しい訪問者には、離れて暮らす子供がスマホアプリで遠隔対応してお引き取り願えるのです。動体検知で玄関前に人が登場したら自動録画する機能もあるので、家の様子をうかがう怪しい人影だって発見できます。

●スマホアプリで安否確認すれば心にゆとりが生まれる

「家の中で転倒して起き上がれなくなっていたりしないか」

「ちゃんと食後の薬は飲んでいるだろうか」

「また日にちを間違えて病院に向かってしまってはいないだろうか」

スマホ見守りを導入する前、私は一日に何度も実家の母の携帯を鳴らしていました。でも母はスマホを家のどこかに置いたまま昼寝していることも多く、またかかってきた電話に応答する方法が分からなくなることもありました。いつまでも止まらない呼び出し音を聞きながら、「何かあったのでは」と不安になり、なかなか電話に応答してくれない母にいらだちすら感じてしまっていました。そして母がでると開口一番、きつい口調でこう言ってしまうのです。

「どうして出てくれないのよ」

そして、エアコンをちゃんとつけてくれとか、病院日程また間違えていないかとか口うるさく言ってしまうのが常でした。日時の感覚が失われてしまう「日時見当識障害」という認知症の症状も出始め、昨日までできていたことが今日には難しくなり、家の中でも頻繁に転倒してしまっていた母。それだけでもストレスがたまっていたと思うのに、娘の私がピリピリしていてつらかったろうなと思います。私自身も、母を傷つけるような言い方をしてしまっては自己嫌悪に陥っていました。

スマホ見守りを導入したことで、まず私の心の中にゆとりが生まれました。実家にいなくても、親が電話になかなか出てくれなくても、スマホアプリでちゃんと安否確認ができているからです。猛暑日だって、母に電話しまくってエアコンをつけさせなくても、必要なら私が「スマートリモコン」を使って遠隔からエアコンを稼働させればいいのです。

「スマートスピーカー」や「スマートディスプレイ」も、母の優秀なアシスタントになってくれました。これは声で操作してインターネット上のさまざまな情報を引き出せる画期的な製品です。例えば日付が分からなくても「今日は何日？」と聞けばすぐ教えてくれます。それだけじゃありません。例えば私の実家では、朝起きた母がリビングにやってくれば、スマートディスプレイが「おはようございます」とあいさつをして、その日の予定を読み上げてくれます。認知症の進行でリモコン操作が苦手になってしまった母ですが、「アレクサ、テレビを付けて」「アレクサ、電気をつけて」とアレクサにお願いするのは大丈夫でした。アレクサは「はい」と答えて、すぐ家電製品や照明、さらにはカーテンの開け閉めまでやってくれます。本当にいいアシスタントです。

「スマートディスプレイ」ではビデオ通話もできます。私の自宅のスマートディスプレイと母をつないで、朝ごはんを食べながらたわいもない雑談会話をするのが日課にもなりました。そして母がデイサービスに出かけるときには、廊下に置いたネットワークカメラから「いってらっしゃい」と送り出します。一緒に住んでいなくても「バーチャル同居」しているかのような感覚です。

●離れて暮らしていてもIT活用で親を見守り、サポートできる世界

もちろん、リモートでできないこともあります。認知症がさらに進んだり家の中で移動するのも厳しくなったりすれば、スマホ見守りだけでは間に合いません。「同居か施設入所か」という二択になるでしょう。

ただ、ある程度自立した生活を送れている段階であれば、ITを活用することで遠くからでも安否確認や、スケジュール管理など

をサポートできます。「同居」「施設入所」に加え、IT を活用した「スマホ見守り」も有効な選択肢となりえます。

もし多くの 1 人暮らし高齢者世帯にこうしたスマホ見守りシステムが導入されれば、熱中症による搬送や、孤立死という、残された家族もずっと悲しむ痛ましい出来事を大幅に減らせるはずです。

無理なく見守りできる便利な製品が今、次々誕生していること。そしてそれらを利用するのは簡単であること。何より、導入することで見守る側・見守られる側双方の不安とストレスを取り除き、それによって穏やかなコミュニケーションもできるようになることを、本書を通じてひとりでも多くの人に知ってもらいたいと願っています。

■目次

第1話

実家の親をスマホで見守るって？

親にはいつまでも元気でいてほしいもの。でも歳を重ねるにつれ身体の自由が効かなくなり、できないことが増えていくのは自然の摂理で仕方のないことです。「熱中症で倒れていないだろうか」「特殊詐欺に遭わないだろうか」―――そういった心配をスマホで解消できることも、実は結構あるのです。

第1話
「おかあさん、いったいどうしちゃったの？」
20○○年　正月
静岡の
母が一人で暮らす
実家へ
いらっしゃ〜い！
待ってたわよ〜！
みさきちゃんに会うの
何年ぶりかしら〜？
大げさねえー
去年おとうさんの
お葬式のとき
みんな会ってる
じゃない
おじゃましまーす
あら、
そうだった、
私ってば！

おかあさん、
靴の整理でもしてたの？
あ、それは
探しものをしてたら
元に戻せなくなっちゃって…
2000年
トイレットロール 12
トイレ ペーパ 12ロール
さすがおばあちゃん！
備蓄ばっちりだね！
……
ああ、それは
特売見ると
つい買っちゃって…

団らんの時は
過ぎ…
帰路へ…
今日の
お義母さん
いつもと
ちょっと違ったよね
あんなに几帳面だったのに
今、ちょっとショックで…
……
年末にも転んで
大変だったみたいだし
1ヶ月後…
母が緊急入院したと
弟から連絡が入った
え？入院？骨折？
わかった、
とりあえず行くわ
ありがとね
なに、入院っておかあさん
なにやったのよ？
○○病院

中村さんの
ご家族の方ですね
はい
中村さん、
背骨の圧迫骨折です
えっ
骨折はここね
お年寄りは簡単に
骨折しちゃうんです
つまずいて
しりもちついた
だけで
骨折しちゃう人も
いるんですよ
そんなことくらいで！
実はおかあさま、
過去にも骨折されてる
ようですね
ほら、ここの骨
左と比べてちょっと
違うでしょ？
年末に転んで大変だった
って言ってたから
あのときかしら…
いたくてね
たいへんだったの
母の病室へ…

…　おかあさん
陽子…？
もう、びっくりよ
今、先生から
お話聞いたわ
とりあえず
要るものは
持ってきたよ
陽子、ありがとね
背中がずっと痛くてね
大輔にここ連れてきて
もらったけど
あの子すぐ出張行かなきゃ
って大急ぎで行っちゃって
夜中にトイレに起きてね、
廊下で転んじゃったのよ
どこをどうやったか…
ものすごく痛くてね
起き上がれなくてそのまま
どのくらい時間が経ったかしら
やっと起き上がれたけど
そのあともずっと痛くてね…
そんなときは
すぐに
電話してよ
だって陽子、
今月は忙しいって

忙しくたって
おかあさんが大変なとき
くらいすぐに来るわよ
……
おかあさん、1人暮らしなんだから
気をつけないと！
何かあったって誰も気づかないことだって
あるんだから！
寝たきりなんかに
なっちゃったら
大変でしょっ？！
っ…
はっ
言われなくたって
私が一番分かってるわよ
何かあっても誰にも
助けてもらえないって
だからすごく
気をつけてるのに
転んじゃうのよ…
おかあさん
ごめん…

1-1　1人暮らしの母をスマホで見守ることにした

ポイント

1. 親との同居はハードルが高い、とはいえ施設に入れるのも。そこで考えたのがスマホでの見守り。
2. さまざまな「スマートホーム製品」を使うことで、親も子供も負担少なく見守りができ、親との関係も改善した。
3. コストも意外とかからず、合計２万円台からスタートできる。

母親が1人暮らしになりハプニングの連続に

ところで自己紹介が遅れました、著者の和田です。

私はフリーランスとしてWebサイトの構築・運営を行っている50代の独身女性で、普段は横浜市に住んでいます。実家は千葉県香取市。利根川下流域の、のどかな水田地帯です。

本書のテーマである「スマホ見守り」は、父が他界した後、離れて暮らす実家の母の見守りのため、試行錯誤を重ねた経験が元になっています。母と私が、どんな状況でどういった課題を抱えていたのか、まずは私自身の体験を紹介します。

母の生活が一変したのは2021年８月のこと。４年にわたる闘病の末、父が悪性リンパ腫で他界し、当時78歳だった母は１人暮らしとなりました。私には弟がいましたが30代で先立っており、両親ともに出身地は他県のため、近くに兄弟も親戚もいません。

母はもともと足が悪く、背骨の圧迫骨折などで腰も曲がっていたため、1人での外出は難しく、買い物や家事の大半を父が担っていました。父の病状が悪化して寝たきりになったり入院したりしたときは、私が数週間から一カ月ちょっとの間帰省して、両親の世話や通院付き添いなどをしていました。

ただ、そのころはまだ良かったのです。母が1人暮らしとなった後のカオスな状況は、正直予想を大きく超えていました。

父が亡くなったことによる精神的ショックや生活環境の変化もあったのでしょう。母は1人暮らしになってから、頻繁に転ぶようになりました。1人でも家の中での移動はでき、冷凍庫から食材を出して電子レンジで加熱して食べるなど簡単な家事はこなせるのですが、一度転倒すると起き上がるのにとても時間がかかってしまっていました。

認知症の初期と思われる症状が進行したのも同時期です。日時の感覚が大きく狂う「日時見当識障害」と呼ばれる症状が特に目立ちました。

◇◇

「日時見当識障害」って何？

「見当識」という単語は初めて目にするという方もいるでしょう。人には「今はいつなのか」「ここはどこなのか」「周囲にいる人は誰なのか」といった時間や場所、周囲にいる人を認識し、自分の置かれた状況を把握する機能があり、それを「見当識」といいます。ところが、アルツハイマー型の認知症ではその機能が正常に働かなくなってしまうことがあります。よく、認知症で家族の顔も分からなくなるという話を聞きますが、初期段階では日時の「見当識」が失われ、時間や日付・曜日、季節などを誤認してしまうケースが多いようです。

病院の診察予約日を勘違いして、タクシーを呼んで 30 キロ離れた病院に向かってしまったこともたびたびありました。

「お母さんに呼ばれて夜、○○病院までタクシー走らせたんだよ。こんな時間に誰か緊急入院でもしたのかなって思っていたら、病院のドアが閉まっているのを見て『え､なんで閉まってるの？！』って驚いていて。『そりゃ夜だもん』って言ったら、もっとびっくりしてたよ」

なじみのタクシー運転手さんから後日こんな話を聞いたこともありました。

他にも毎週のようにハプニングが発生し、私は片道３時間以上かかる帰省を繰り返しました。

・トイレに行こうとして転んでしまいそのまま数時間起き上がれなかった
・朝から電話に出ず、「変だな」と仕事をキャンセルして駆け付けたら熱中症でベッド下に倒れていた
・飼い猫が脱走して夜になっても帰らず、「探しに行く」という母が二重遭難になることを恐れて緊急帰省した
・「テレビがつかない。アンテナが倒れたかも」と呼ばれ、直しに駆け付けると単なるリモコン操作ミスだった
・仕事中に電話がかかってきて「昨日帰ってくる約束だったでしょ」

「こんな遅くまでどこで遊びまわっているんだ」と理不尽に責められた

幸い私は会社勤めではないので、何かあれば実家にすぐ駆け付けることもできますし、平日の病院付き添いもできます。親が体調を崩せば滞在しながら食事の世話なども可能です。

ただそんな状況だと、いつ突発的な事態で迷惑をかけてしまうかも分からないので、一定の責任を負う仕事は難しくなりますし、長期コミットが必要なプロジェクトには参加できません。母からも「1 人で暮らすのは嫌だ、仕事なんかやめて帰ってきて」と泣きつかれました。「自分が実家に戻り、母と同居するしかないかなあ」という思いが、何度も浮上しました。

ただ、完全に U ターンして田舎で母介護に専念する――これはなかなか重たい選択肢です。介護生活が長期化すればいずれ老々介護となるでしょう。蓄え不足で現金が尽きるシビアな将来を考えると、その決断は容易ではありません。私自身も 50 代であり、心身ともに健康で、やりたいことが自由にできる時間はもうそう長くはないのです。

となると「施設入居」という選択が残りますが、こちらは母が断固拒否していました。もともと他人と関わることが苦手で、日帰りのデイサービスでも自分から誰かに話しかけることはほぼ皆無。他人とずっと一緒の生活なんて耐えられない、愛猫と一緒に自宅で静かに暮らしたいと言われました。

認知症の初期症状といっても、見当識障害がある以外は普通です。危なっかしいとはいえ、私が不在時も 1 人でなんとか生活ができています。そんな母を無理やり施設に入れてしまうことはできません。

そこで同居か施設入所かという二択はいったん脇に置き、今抱えている課題を解決するいい方法がないか、そこにフォーカスすることにしました。

「どうしたら、転倒や熱中症のリスクを減らせるのか」

「倒れて動けない状態に早めに気付くには何が必要か」

「日時見当識障害によるトラブルをどう解消できるのか」

この解決策として浮かび上がってきたのがスマホで親の見守りをする「実家スマートホーム化」という方法でした。

築40年の一戸建て実家を「スマートホーム化」する

もともと実家にはスマホから映像を見られるネットワークカメラが２台あり、リビングと隣の客間に防犯用として設置していました。

父の在宅闘病の終盤、私が不在時でも状況把握できるようにと、父の承諾のもと２台のうち１台を父の寝室に移動しました。そのカメラを通して父と会話をすることもありました。また、父がベッドから落ちて上がれなくなってしまったときには、それを見つけてヘルパーを派遣してくれている介護事業者に救援をお願いするということもありました。

１人暮らしの母の見守りにも、ネットワークカメラのような、スマホで実家の状況をモニターできる「スマートホーム」グッズがきっと役立つはず。そういったグッズをうまく組み合わせて実家をスマートホーム化することで、私と母が抱えている課題を解決できるに違いない。

そう考え、どうせやるなら徹底的にと「実家スマートホーム化

「実家スマートホーム化情報館」の画面

プロジェクト」と名付けて行動を開始しました。役立ちそうな製品をAmazon.comで購入しては、帰省のたびに一個ずつ設置していったのです。2021年秋から翌年春にかけてのことです。

「実家スマートホーム化情報館」というブログを立ち上げてその過程を公開したところ、周囲の同世代の友人たちからの反響も大きく、「これはいい！」「私の実家でも導入したい」という声が寄せられました。またITを活用した高齢親見守りの事例として新聞や雑誌から取材を受けたり、ネットメディアで連載記事を執筆したりもしました。

◇◇

「スマートホーム」って何？

日本語では「スマート」というと、「ほっそりやせている」という意味で使われることが多いですが、英語では「洗練された」「賢い」などの意味として使われています。IT技術を活用して、家電製品や照明・空調設備、さらにはセキュリティーシステムなどをコントロールすることで、快適かつ便利さを実現した居住空間をスマートホームと言います。

具体例を挙げてみましょう。会社に行くため、玄関から外に出るとドアに取り付けたセンサーが「外出」を検知して、リビングのエアコンやテレビ、空気清浄機が自動的に停止。他の部屋の天井照明もつけっ放しのところがあれば消灯。そして家の中に取り付けた防犯用のネットワークカメラや人感センサーのモードが「在宅」から「警戒」に切り替わり、以後カメラが家の中で動きを検知するとスマホアプリに通報が届くようになる。

帰宅のため最寄り駅を降りると、スマホの位置情報から家に近づいていることを把握して、エアコンや浴室の給湯システムが稼働開始。帰宅する頃にはリビングはほどよい室温に、お風呂にすぐ入れる準備もばっちり整う。リビングに置かれたモニターから、他の部屋や廊下、玄関前の様子もチェックできるので防犯的にも安心。さらには家族１人ひとりの家の中での動きをセンサーが検知し、自動的に学習し、いちいちエアコン操作などしなくても常に快適な室温が保たれるよう、さらに「賢い」家に成長していく――。

ハイクラスのマンションなどでは、既にこうしたシステムが導入されていますし、スマートホーム／ IoT 機器の展示会に行くと、さらに近未来の最先端居住空間として、1 人ひとりの体調や好みなどに最適化されたシステムが提案されています。

ちなみに IoT とは「Internet of Things（モノのインターネット）」の略で、家電製品などがインターネットに接続され、製品同士がネットワーク経由で通信したり連携したり、スマホなどから遠隔で操作できるようになることをいいます。今はエアコンやテレビが中心ですが、スマホアプリから中身を確認できる冷蔵庫、好みに合わせたレシピを提案してくれる調理家電、さらには寝室のベッドやペット用品にも IoT 化の波が押し寄せています。近い将来の自動運転実現に向け実証実験が続けられている自動車も IoT 化してゆくものの一つです。

一般的には、最先端の IoT 機器を組み合わせてスマートホームを作り上げていきますが、本書では、より手軽かつ安価な導入ができる、「後付け型のスマートホーム」を紹介していきます。

◇◇

私の実家で、実際にどんなものを導入したのか、間取り図でご覧ください。

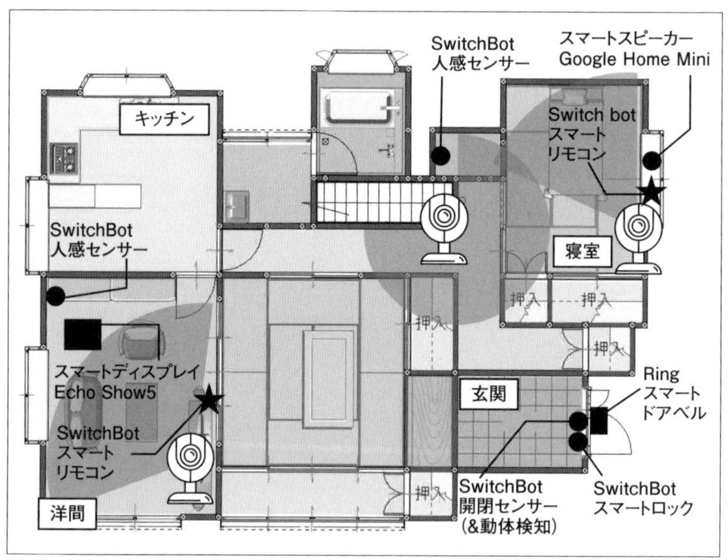

スマートホーム製品の配置図

1．ネットワークカメラ３台

まずは見守りの「目」となるネットワークカメラ。もともと防犯目的で導入していた２台に加え、L 字型の廊下と玄関を見渡すことができるよう、360 度レンズ部分が回転するネットワークカメラも買い足して３台体制となりました。

主な目的は、転倒すると自力では起き上がれなくなることも多かった母の見守りです。実際に携帯電話に電話をしても応答がなく、おかしいと思ってネットワークカメラを次々見ていったらトイレの前で母が倒れており、ケアマネジャーさんに連絡をとり、派遣ヘルパーに来てもらったこともあります。

また曜日を間違え、デイサービスの迎えを玄関でずっと待ち続

ネットワークカメラ

けてしまっていることもたびたびありました。その様子も、廊下のネットワークカメラで確認できるので、カメラのスピーカーを使って話しかけ、日時を勘違いしていることを伝えました。

2.スマートリモコン2台

見守りアイテムとして欠かせないのが「スマートリモコン」です。これは、見守り用途でなくても本当に便利な製品なので、もしまだ使ったことがないというのであれば、まずはご自身で試してみてください。私は実家のリビングと寝室に1台ずつ、そして自分の部屋でも1台導入して日常的に使っています。

簡単にいうと、リモコンで操作できる家電製品を、すべてスマホアプリから操作できるようにするというものです。例えばスマホアプリで「リビングのエアコン（冷房）をつける」ボタンをタップすると、インターネット経由でスマートリモコンに指示が送ら

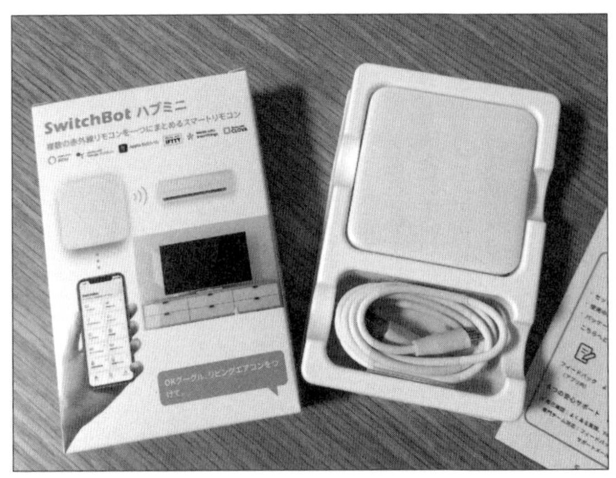

スマートリモコン「SwitchBotハブミニ」

れ、スマートリモコンが発信した赤外線信号によってエアコンが冷房を稼働開始するのです。

見守り用途としては、暑さを感じにくくなっている高齢の親に代わり、エアコンを遠隔操作でつけて熱中症を防止するのに使えます。またこの後紹介する「スマートスピーカー」「スマートディスプレイ」と連携させれば、「アレクサ、エアコンをつけて」と声だけで家電製品を操作することもでき、リモコン操作が苦手になった高齢者でもストレスなくエアコンやテレビの操作ができます。

3.スマートスピーカー／スマートディスプレイ

試しに導入したら、母が想像以上に使いこなし、気に入ってくれた製品がスマートディスプレイやスマートスピーカーです。画面が付いているものをスマートディスプレイ、画面がなくスピーカーだけのものをスマートスピーカーといいます。詳細は後ほど

スマートディスプレイ「Google Nest Hub」

説明しますが、例えば「アレクサ、今日の予定を教えて」「OK Google、エアコンをつけて」など声で呼びかけるだけで、オンラインカレンダーからその日の予定を読み上げてくれます。また、スマートリモコンに指示を送ってエアコンやテレビをつけるなど、他の製品と連携してさまざまなサポートをしてくれます。

スマートディスプレイ／スマートスピーカーは人の言葉を解析し、求められているアクションをしてくれます。その頭脳部分は、AIアシスタントと呼ばれています。AIは人工知能のことです。Googleの「Googleアシスタント」、Amazon.comの「Alexa（アレクサ）」、Appleの「Siri」が有名です。

私の実家では、当初Googleアシスタントが利用できるスマートスピーカー「Google Home Mini」とスマートディスプレイ「Google Nest Hub」を使っていましたが、途中からAmazonのアレクサが搭載された「Echo」シリーズ製品に変更しました。リビングには画面付きのスマートディスプレイ「Echo Show 5」を、そして寝室には「Echo Dot」を置いています。

４. 人感センサー

安否確認をネットワークカメラだけでやろうとすると頻繁なチェックが必要となり現実的ではありません。そこで補助的役割を担っているのが人感センサーです。トイレとリビングに１台ずつ置きました。単４電池２本で長期間（利用頻度によっては数年間）稼働するので、壁コンセントがない場所にも置くことができ、重宝します。

母がトイレに入るたび私のスマホのロック画面に通知が上がってくるので、安否確認がとても楽になりました。

人感センサー「SwitchBot 人感センサー」

5.開閉センサー

玄関には両面テープで貼り付けるタイプの開閉センサーを取り付けています。父が他界した年の秋には、母の日時見当識障害がかなり進み、日時を誤認したままタクシーを呼んで外出してしまうことが多発しました。

「今日も勘違い外出から帰ってこられなくなっているのでは」と心配で仕方なかったため、母の許可をもらって開閉センサーを取り付けました。

この開閉センサーには、動体センサーと照度センサーも内蔵されており、母が玄関に近づくとその通知が私のスマホに届きます。ネットワークカメラで玄関の様子を確認し、勘違い外出をしそうになっていれば制止し、曜日勘違いでデイサービスのお迎えを待ってしまっているときには「今日じゃないよ」と呼びかけられるようになりました。

開閉センサー「SwitchBot 開閉センサー」

6.スマート温湿度計

こちらも見守りの強力なツールとなるアイテムです。実家ではリビングと寝室に1台ずつあり、それぞれ同じ部屋に置かれたスマートリモコンと連携し、スマホで遠方からでも室温・湿度を確認できます。

私の母もそうですが、高齢になると「暑さ」を感じる身体のセンサーが機能しなくなり、30度を超えても汗ひとつかかずけろっとしている人は結構多いそうです。それはそれでうらやましいことですが、暑さ・寒さの感知や発汗による体温調整は、命を守るために必要な機能でもあります。暑さを不快に感じないといっても、身体が暑さに強くなったわけではないのです。

例えば室温が28度を超えたら通知をする設定にしておけば、「今日は日中暑くなるって天気予報で言っていたけど大丈夫かしら」とハラハラしなくても、スマホが実際の室温を知らせてくれます。

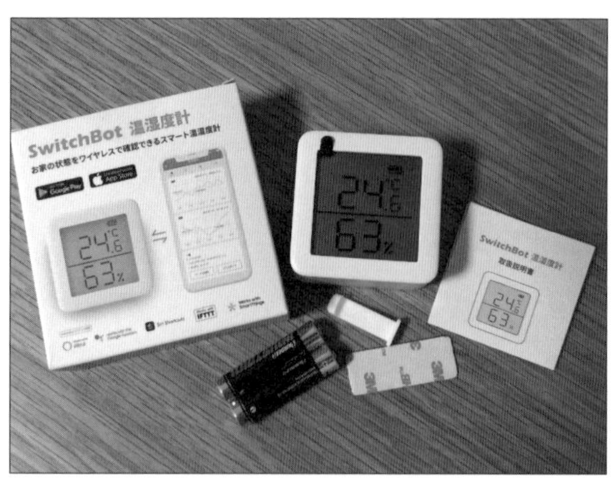

スマート温湿度計「SwitchBot 温湿度計」

電話してエアコンをつけるよう言ってもいいですし、スマートリモコンを操作して、エアコンを遠隔で稼働させてもいいでしょう。

自動化の設定もできるので、28度を超えたら自動でエアコンをつけ､かつスマホに通知を送るという設定にしておくのもありです。

一方、母は寒さには弱く、冬は暖房が欠かせません。なので室温推移を見れば、早朝何時頃に起きてリビングのエアコンをつけたのかも分かります。夜間に室温が上がっていれば「もしかして眠れていないの？　何か気になっていることでもある？」など電話で聞いてみることもできます。

7.スマートドアベル

Googleや Amazonのグループ会社からも発売され、最近注目を集めている新ジャンルの製品です。通常のドアベル製品との違いはWi-Fi経由でインターネットに接続している点。外出中でもス

スマートドアベル「Ring Video Doorbell 4」

マホで来客対応できるのが特徴です。

母は足が不自由で、リビングから玄関まで歩いて出ていくのにも苦労します。やっとの思いで玄関まで行ったら、単なる飛び込みセールスだったなんてこともよくありました。それだけならまだいいのですが、悪質なリフォーム詐欺と思われる人もたびたびやってきては、瓦が浮いている、無償で点検するなど巧みなトークで高齢者に取り入ろうとします。

スマートドアベルなら、リビングに置いたスマートディスプレイ「Echo Show 5」に通知が来ますし、そのまま映像を確認して来客との対話も可能です。また私のスマホにも通知が来ます。スマホアプリ越しに応対することもできるので、母がなかなか出ないときには、私が母の代わりに来客応対したり、デイサービスののお迎えに来てくれたスタッフの方が母が出てくるのを待っている間、母の状況について情報交換したりもできます。

8.スマートロック

緊急時にすぐ駆け付けられる場所に家族や親戚がいればいいのですが、そうでない場合には、状況次第で近所の人や近くに住む知人、あるいは介護事業所の人に家の中に入ってもらい、親を助けてもらう必要があります。私も母が転倒して起き上がれなくなったときには、介護事業所の人にお願いして手を貸してもらい、必要な時には病院に連れて行ってもらいました。

近所の人にカギを預ける選択肢もありますが、他人の家のカギを預かるというのは結構重たい責任を負うことで、かなり親密でないと難しいことです。介護事業所も、カギを預かってくれるところとそうでないところがあります。

スマートロック「SwitchBot スマートロック」

そんなこともあり、転倒が大きな課題だった私の実家では、スマートロックを導入しました。当初導入したのは「セサミ 4」。その後レビュー用に製品提供してもらった関係で「SwitchBot ロック」に変更しました。詳細は後述しますが、どちらも玄関のカギの大きさや形状にかかわらず貼り付けて利用できる後付けタイプです。

スマートロックは緊急時以外にも重宝します。デイサービスのお迎えが来ても母が寝たままのときには、母の許可をもらってカギを開け、寝室で母の状態を確認してもらいました。田舎なので、宅配業者の配達スタッフも顔なじみの人です。母が不在で大きな荷物のときには、玄関のカギを一時的に開けて玄関の中に置いてもらいました。そうすれば母が自分で運び込もうとして転倒したり腰を痛めてしまうことを防げるから。

9. SOSボタン

寝たきりの人や病人がいるときに便利な呼び出しボタン。一般的なものは、ボタンとチャイムがセットになっていて、ボタンが押されると、他の部屋の電源コンセントに挿したチャイムが鳴るというものです。

ただそれだと、同じ家の中にいる人しか呼び出すことができません。1人暮らしの人に必要なのは、離れた場所にいる家族などに緊急事態を知らせるボタンです。

私の実家で導入している製品は、Wi-Fi経由でインターネット接続されたボタンを押すと、事前に登録しておいたスマホアプリに通知が届きます。母は以前はスマホを就寝時にも寝室に持ち込んでいたのですが、いつの頃からかそれを忘れてリビングに置きっぱなしということが増えました。

そうなると、寝室で急に体調を崩したときなど、母から私に連

SOSボタン「Singcall 緊急連絡ベル」

絡をする手段がなくなってしまいます。そこでこの「SOS ボタン」を導入しました。首掛け式なので本当は首から下げて家の中で常に持ち歩いてほしかったのですが、それはちょっと難しかったので、ベッドに取り付けました。

10. その他

なくても困らないけど、あると便利なのがカーテン開閉アイテムです。実家リビングのカーテンレールにはモーター付きのスマートホーム製品が挿入されていて、「アレクサ、カーテンを開けて」「アレクサ、カーテンを半分閉めて」など言えば、すぐに開け閉めしてくれます。

朝の目覚めが早い高齢者は、まだ暗いうちにリビングに出てきて、カーテンを閉めたままテレビを見ていたりします。そのうち日が昇ればカーテンを開けて外の太陽の光を部屋の中に入れるの

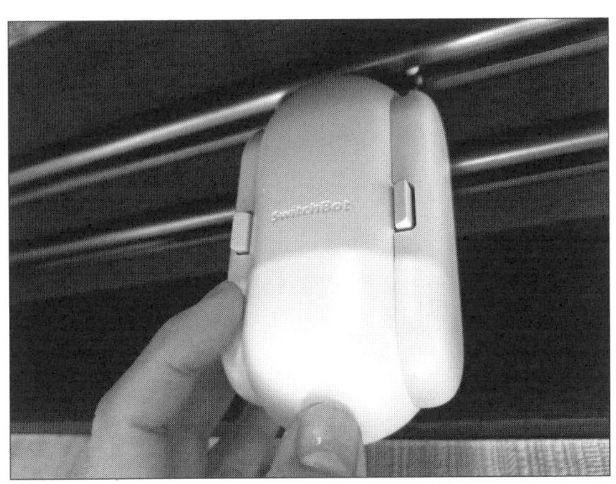

カーテン開閉アイテム「SwitchBot カーテン」

が健康的な生活だと思うのですが、足腰が弱っていると、ソファから立ち上がってカーテンのところまで行くことがおっくうになってしまいます。

そのままカーテンを閉め切った部屋で生活し、夜になるという繰り返しだと、それこそ一年中カーテンで閉ざされた部屋の中で生活をすることになってしまいます。精神衛生的にも決してよくないことでしょう。

室内移動も大事な運動なので、なんでも座ったままできるようにしてしまうことがいいわけではありませんが、立ち上がるのがつらいという理由で、カーテンも閉め切ったまま、電気もつけず暗い中で生活をしてしまうのでは本末転倒です。

もうひとつ、こちらは指ロボットです。リビングの天井照明の壁スイッチに取り付けています。スマートリモコンは、手で操作するリモコンに代わって赤外線を発信することで家電製品や照明

指のようにボタンを押してくれる「SwitchBot ボット」

をコントロールします。なので元々赤外線リモコンがない製品のオン／オフはできません。

古い家の天井照明などは、操作するのが壁スイッチとひもだけというケースも多いでしょう。そんな場合にはこの指ロボットが役に立ちます。スマホアプリで操作したり、連携しているスマートスピーカーに「アレクサ、電気をつけて」など声で指示したりすると、小さな箱状の本体から数センチのアームがにょきっと伸び、物理的にスイッチを押してくれます。

1-2 高齢者の見守り＆サポートは「IT活用」で変わる

ポイント

1. 転倒に熱中症、1人暮らし高齢者にはリスクがいっぱい
2. 実家を「見える化」すると無駄なストレスも減らせる
3. 音声コントロールが高齢者の不便さ・不自由さを解消

「高齢者の見守りやサポートにこそITが必要！」――私がそう考える理由はいくつもあります。

・加齢で身体の自由がきかなくなる
・判断力・認知力が衰え忘れやすくなる／できないことが増える
・高齢者宅は犯罪者にも狙われやすい
・脳梗塞などで倒れた時、発見に時間がかかると命にもかかわる
・離れて暮らす子供が遠隔でも見守り・サポートできる体制が必要

誰もが迎える老い。

何かを取りにいったり、天井照明をつけるためにちょっと立ち上がったりするだけでも足腰に痛みが走る。そんなことが続けば、動くことが憂鬱(ゆううつ)でおっくうに感じてしまいますよね。筋肉の衰えで少し動くだけでも疲れてしまう。かといって身体を動かさない

のはよくありませんが、調子が悪いときに無理すれば転倒リスクも高まります。

また判断力・認知力も低下します。

今まで普通に使えていたテレビやエアコンのリモコンを見ても、どのボタンを押せばいいのか悩んでしまうこともあります。認知症の初期には、今日が何日で何曜日なのか、病院の診察予約をいつ入れているのかなど分からなくなったり誤認識したりする、「日時見当識障害」が起こりやすくなります。

判断力が低下すると、人の話に誘導されやすくなります。悪質な飛び込みセールスに丸めこまれ、必要もない高額な住宅補修費を支払う羽目になった高齢者の話も耳にします。

夫婦どちらかが先立てば、日常生活はさらに厳しいものとなります。脳梗塞を発症したり、病気で容体が急変したり、転倒して自力では立ち上がれなくなったら、誰にも気付かれないまま長時間が経過してしまうでしょう。病状やそのときの室温によっては、命にも関わります。

それゆえ離れて暮らす子供や身内の見守りが必要なのですが、電話やLINEだけでは不十分です。電話に応答がないときに、離れて住む子供からは一体何が起きているのか分かりません。かといってカギがかかった実家の中の様子を近所の人に見てもらうというのもハードルの高い行為です。いざというときに迅速な対応をとるためには、実家の家の中で何が起こっているのか、状態を確認できることが必要です。

離れて暮らしていても実家の中が「見える」親の状況が「分かる」

「スープ（みそ汁）の冷めない距離」なんて言葉、聞いたことあるでしょうか。親世帯と独立した子供世帯の理想的な住まいの位置関係としても使われます。最新の断熱保温ジャーを使えば、6時間くらい移動しても余裕で温かいスープを飲むこともできそうですが、作った料理を冷めないうちに運べる距離と考えると、15分以内くらいの場所でしょう。車移動も前提にすれば同じ町内といったところでしょうか。

実際には、進学や就職を機に地元を離れ、もっとずっと遠方に住んでいるという人のほうが多いかもしれません。親世代は、高度成長期とその前後で大都市圏に移住してきたという人も少なくなく、そうなると近くに親の兄弟姉妹や親戚もいないというのは珍しくありません。

親が二人そろって元気なうちはいいのですが、どちらかが病気になったり認知症になったりすれば、子供のサポートも必要になってきますし、さらに両親のどちらかが先立てば、離れて暮らす子供の負担はかなり増えます。

突発的に発生するハプニングも増えてきます。認知症の初期症状が現れてくれば、「大丈夫かしら、何もなくちゃんと暮らせているかしら」と日々の心配も一気に増え、電話をかける頻度も増えてきます。

私自身、父親が闘病生活に入り、その後、母１人が残される状況になった時、一番大変だったのは急に実家に駆け付けなくてはいけない事態が繰り返されたことです。容体急変で病院に運ばれ入院となれば、その手続きや入院書類へのサインが必要となります。外出もしていないはずなのにずっと連絡がとれない状態が続けば、家の中で倒れている可能性もあり、仕事を早退しても見に帰らなければいけなくなります。

もちろん病院付き添いの代行サービスもありますし、介護認定後は介護サービスに頼って家族の負担を減らすことも可能なのですが、突発的な事態というのはやはり、家族が動かないとどうしようもないものです。

また、何も起こっていないときでも「大丈夫だろうか」という不安な気持ちはいつも頭から離れません。私は、母が転倒して起き上がれなくなることが頻発してから、心落ち着く時がなくなりました。特に、連絡がつかず駆け付けたら熱中症でベッド下にうつ伏せで倒れていたのを発見した後は、それがちょっとしたトラウマになってしまい、何度も家に電話をするようになりました。

「電話だけでの安否確認」には無理がありますし、かけて応答がないと逆に心配が募り、ストレスにもなります。

今はインターネットを利用することで、「リモート」でもいろいろなことができる時代です。離れた場所からでも、実家の家の中で何が起きているのか、親はどういう状態なのか、確認することができます。

高齢者は、家の中のちょっとした段差やモノでもつまずき転倒します。しかもとっさに受け身をとれず頭をぶつけたり、背中や腰の骨を圧迫骨折したりして身動きがとれなくなりやすいのです。脳梗塞など脳血管疾患の発症や、インフルエンザや新型コロナで発熱・症状急変ということもあるでしょう。

実家にネットワークカメラが設置されていれば、スマホアプリから目視で状況確認ができますし、動体検知で録画・保存されているクラウド動画を確認すれば、何が起こったのか過去にさかのぼって把握できます。倒れている親をカメラ内蔵のスピーカーで励ましながら救急手配することもできるでしょう。

もちろん駆けつけなくてはできないこともたくさんありますが、状況が把握できるだけでも安心感は得られますし、必要に応じて救急車の手配や近所の人や介護事業所への手助け依頼など速やかに行うことができます。

また人感センサー・開閉センサーなどを取り付けておけば、「あれ、今日はトイレにずっと行っていない。おかしい…」と異常事態に、より早く気付くこともできます。

見守りシステムに頼ることで心の余裕→穏やかな親子関係に

「見守りを機械やシステムに頼るのは抵抗を感じる」という声も聞かれます。確かに「機械任せ」にされてしまったら、親も悲しく思うでしょう。ただ実態はちょっと異なります。「機械に全部委ねてしまう」のではなく、人だけでは難しいことや、人がやり続けると疲弊してしまう部分を機械やシステムに分業してもらうのです。

私のケースで言うと、スマートリモコンやスマート温湿度計を入れるまでは、最高気温が30度を超えるという天気予報が出ていると、朝電話して「エアコンちゃんとつけて」と母にしつこく言い、日中にまた電話して「ちゃんとエアコンつけた？ほんと？」とさらに追及して親に疎ましがられていました。午後の暑い時間帯には「熱中症になっていないかなあ、水もちゃんと飲んでいるかしら」とハラハラしつつ、電話したくて仕方ないのを我慢するという、自分も親も両方にイライラが発生しがちな状況でした。

それが、スマホアプリで実家リビングの室温を確認できるようになったわけです。それも、28度を超えたら通知が来るよう設定しているので、頻繁にスマホをチェックする必要もありません。

天気予報を見てもそれほどナーバスにならなくなりました。そして室温が上がったら、その段階で電話して、「ちょっと温度計確認してみて、30 度超えちゃっていると思うの」と言い、エアコンをつけるよう促します。でも「本当につけてよ」とくどくど念押しする必要はありません。エアコンつけたかどうかは、その後の室温推移を見れば分かりますし、ダメなら遠隔での操作も可能だからです。

これによって、電話したときにも口うるさいことは言わなくなり、「今夜、お母さんの好きなテレビ番組やるよ」「昨日のデイサービスどうだった？」的なたわいもない会話を穏やかにできるようになりました。

「お薬飲んだ？」というリマインドも、スマートディスプレイやスマートスピーカーに任せるようになりました。母親に「今飲もうとしていたところよ、しつこいわね」と反発されることもなくなりましたし、その反発に私がむきになって「だって昨日だって飲み忘れていたじゃない」など、余計な言葉を言ってしまって自己嫌悪に陥ることもなくなります。

自宅と実家の往復を繰り返していると、ときに心の余裕もなくなります。さらに「親の安全のためだから」という気持ちが強まるほど、きつく当たってしまいがちです。例えば「30 度超えたらエアコンつけてっていつも言ってるのに、どうしてつけてくれないの！？」など。

親の判断能力や記憶力が落ちていて、言っても無意味なのだと分かっているのです。だけど口を開くとつい「ちゃんとしてよ」「なんで忘れちゃうの？」と責める言葉を発して相手の自尊心を傷つけてしまう。そのことに自己嫌悪感を抱き、結果どちらもストレスをためて関係がギスギスしてしまうこともあります。

認知・判断力が低下したときの感覚は、おそらく当事者にしか理解できないものでしょう。自分では注意しているつもりでも、忘れないようにいくら努力しても頑張っても、無理なものは無理なんだろうと思います。

「ちゃんとしてよ」と言ってもどうしようもない問題ならば、親の記憶力や判断力に頼るのではなく、またサポートする自身の労力でカバーしようとするのではなく、「仕組み」で何とかできないか工夫してみることが大事です。

例えば「室温が28度を超えたら冷房を自動でつける」「人が不在なら自動で運転停止する」は、そうした機能を搭載したエアコンが販売されていますし、そんな特別な機能がないごく一般的なエアコンでも、「スマートリモコン」や「スマート温湿度計」、「人感センサー」を組み合わせれば実現できます。設置も設定も簡単で、Wi-Fiインターネット環境があれば誰でもできます。

玄関ドアにセンサーやネットワークカメラを取り付けることで、徘徊（はいかい）や日にちを勘違いした外出なども阻止・早期対応できる可能性は大です。

大切なのは、親の行動を変えようと親に無理を強いるのではなく、また自分の労力で何とかしようと必死になるのではなく、頼れる部分はどんどん機械やシステムに任せ、それによって不安な気持ちを解消し、心のゆとりを生み出すことです。そうすればきっと、親子の関係も良い方向に変わると思うのです。

高齢者の日常の不便さを解消してくれる「音声コントロール」

「いちいち動かなくてもお風呂を沸かし、来客応対もできる」

「自動化を設定しておけば、毎日同じことを繰り返す必要もなし」――。

そんな便利さがあるスマートホーム化ですが、とりわけ筋力が落ち、身体の不調も多くなる高齢者にとってのメリットは大！

足腰が弱ると、ちょっとソファから立ち上がるだけで大仕事になります。踏ん張って力を入れないといけませんし、転倒しないよう慎重さも求められます。そして膝や腰の痛みにも襲われます。脳疾患やその後遺症で、手足が思い通り動かせなくなる人もいます。

おっくうで、朝になってもカーテンを開けなかったり、日没後も暗いままの部屋で過ごしたりするケースもあります。これでは気分だって落ち込みますよね。

「全部リモコンにすれば済む話」と思うかもしれませんが、古い住宅の天井照明はリモコン化が難しい場合もあります。親に照明器具の買い替えを打診しても「別にいいよ、今のままで」と断られてしまうケースもあるでしょう。リモコンもどこに置いたか分からなくなりがちです。

そして一番の問題は、認知症によりリモコン操作自体がスムーズにできなくなってしまう可能性があるということです。母がまさにそうでした。元々スマホも使いこなしていたのですが、ボタンがたくさんついているものが苦手になってしまったのです。そんなとき「OK Google、電気をつけて」とか「アレクサ、エアコンを消して」など声だけでエアコンやテレビ、その他照明などを操作できたらどうでしょう。

立ち上がらなくてもいい、リモコンを探さなくていい、リモコンのどのボタンを押せばいいのか悩まなくてもいい。

机に貼り付けたアレクサへの指示

もちろん最初の「OK Google」「アレクサ」を覚える必要はありますが、紙にカタカナで見やすく書いてテーブルに貼り付けておくだけで大丈夫でした。短いフレーズなので何日か使っていると高齢者でもわりと覚えてしまうものですし、覚えられなくても見ながら言うことができます。

スマートディスプレイを導入すれば、「OK Google、今日は何日？」と聞くだけで日にちや曜日を教えてくれますし、離れて暮らす子供がGoogleカレンダーに通院日程や外出予定を登録しておけば、「今週の予定を教えて」というだけで音声＆テキストでスケジュール確認ができます。

「お母さん、昨日も言ったでしょ。病院は来週月曜日の予約で、今日じゃないから」。電話越しにそんな会話を何十回となく繰り返している方には、その導入メリットがきっと理解してもらえるでしょう。

自分自身のシニアライフに向けて今から準備＆情報収集も

親の「老い」を目のあたりにして憂鬱な気持ちが募るのは、「明日はわが身」と自分自身の老後を重ねてしまうからかもしれません。

自分の周りでは、親や義両親の介護や見守りに関わるようになって、認知症への関心が強まったという人も少なくありません。私もその 1 人で、以前は認知症といってもあまり具体的なイメージはなく、「自分の子供の顔も分からなくなる」というかなり最終段階の状態が思い浮かぶくらいでした。

実際には、認知症は初期段階で少し忘れっぽくなることから、30 分前の食事をした事実すら完全に忘れてしまう中期の段階まで、時間をかけて進行していくものです。その過程で、ずっと好きだった趣味の編み物などを何度やっても間違えてしまい、続ける気力が失われていったり、少し前までできていたことが徐々にできなくなり、家族や周りの人からの指摘なども受けて自尊心を大きく傷つけられる段階もあります。

できないことがどんどん増えていく。自分の頭の中の記憶や認識、判断も頼ることができなくなり、気力も減退する。そのもどかしさやつらさは半端ではないだろうなあと、母を見ていて思います。加えて身体機能も衰えていきます。

認知症を発症しなくても、多くの人はどこかのタイミングで心身の衰えを感じ始めます。「フレイル（虚弱）」という言葉を聞いたことがある方も多いかと思います。要介護状態になるより手前の段階で、身体面・認知面で機能低下が進んだ状態のことを指します。筋力が急激に落ちたり、食欲があまり湧かなくなったり、さらにはうつ状態に近いくらいに意欲や気力が落ちてしまったり、ときに引きこもりの状態になってしまいます。そうなれば悪循環が始まってしまいます。

「自分も近い将来そうなるのか」と思うとどんより重たい気持ちになりますが、親の見守りにITを活用してみると、将来に明るい希望が見えてきます。加齢で失われた心身の機能を、ITで補完できることに気付かされるからです。

なかでも期待の星はやはり「AI」でしょう。今は「AIアシスタント」といっても、すごいのはスマートスピーカーに向かって話しかけた音声を認識する部分くらい。家電のオン／オフ操作にしても、質問すると現在時間や天気予報を教えてくれるなんていうのもさほど複雑な事ではありません。

でもAIは急速に進化しています。今は、ネットワークカメラの映像や人感センサーからの通知を手掛かりに、母親が倒れたり、何か大変なことになっていないかを私が確認していますが、いずれ映像やセンサーのデータを元に、その見守り役をAIが担ってくれるはずです。

すでに、腕に巻きつけたスマートウォッチが転倒や衝突事故を検知して、持ち主が意識を失ってしまっていても119番してくれるところまで来ています。心拍数や体温、血圧といったデータも取れますので、本人が見過ごしてしまっている身体の異変をスマートウォッチが警告してくれる日まではあとほんのちょっとです。

今の40～50代が、自分たちの親の世代になる頃までには、身体が思うように動かなくなっても、認知力が衰えても、IT技術を活用することで、失った機能や能力を補強・補完してもらえ、より快適な生活を送ることができるようになっているはずです。そう考えると、老いもそれほど怖くないかもと思えてきます。

親の見守りのために得た製品・サービスの情報や賢い活用法は、今の自分たちの生活の QOL を高めるためにも役立てることができます。私自身、スマートリモコンやスマートディスプレイをフル活用するようになりました。オンラインカレンダーに予定を突っ込んでおきさえすれば、アレクサがちゃんと事前・直前にリマインドしてくれるので、予定していたアポをすっぽかしてしまう失敗も大幅に減っています。今まではその「オンラインカレンダー登録」を後回しにして忘れてしまうことが多かったのですが、音声で登録することに慣れたらそれもなくなりました。

「ないものを嘆くな。あるものを活かせ」は松下幸之助の言葉だそうですが、これは人生 100 年時代に生きる私たちが人生後半戦を明るく前進してゆくための励みともなりそうです。

心身ともに健康なのが一番ですが、仮にそうでなくても工夫次第で暮らしやすい環境を作ることはできます。「スマートホーム化」はその第一歩になります。

1-3 疑問その１「ド素人の自分がDIYで見守りシステムを作れる？」

ポイント

1. スマホアプリ操作だけなので知識もスキルも不要！
2. 今ある家電製品に“後付け”するだけで劇的に便利になるアイテム
3. AI アシスタントの自動化設定が認知症の初期症状にも有効

DIYで見守りシステムを作るのは大変？

「私もスマートホーム化して実家の親を見守れるようにしたいけど、知識もないので…」。スマホ見守りの話になると、同世代の友人たちからそんな反応も返ってきます。「スマートホーム」という言葉が、少々小難しいイメージなのかもしれません。「人感センサーや開閉センサーを設置する」「室温をトリガーにエアコンを稼働」といった話をすると、そうした機器やシステムの特別な知識が必要と思ってしまうのでしょう。

でもそんなに大変なことではないのです。

マニアックな業務用パーツを買い集めて何かを組み立てるといったものではありません。スマホが使える人なら誰でも簡単に取り付けて設定できる製品が次々と登場しています。

SwitchBot 人感センサー

例えば写真の「SwitchBot 人感センサー」は一個2000円台。単四電池2本を入れ、スマホにアプリをダウンロードしてその指示に従って設定をすれば、わずか5分程で利用開始できます。Bluetooth接続なので、配線の手間もいりません。好きな場所に置けます。

いくつかの製品を連携させることも、アプリ上の設定だけですべてできますので難しいことは全くありません。

最近は、デジタルカメラやイヤホンなどで、スマホの専用アプリから操作したり、設定を変えたりできる製品が増えていますよね。基本はそれと一緒です。人によっては、面白くてちょっとはまるほどです。

既存家電を買い替える必要なし！

「Google Nest」や「Amazon Echo」などAIアシスタントを搭載したスマートスピーカーが普及し、家電製品を音声コントロールする人も珍しくない時代となりました。エアコンや電球などで「Alexa対応」といった表示も見かけます。これはアレクサと連携させれば、声だけでエアコンを操作したり、電球を点灯させたりできるというものです。

「Googleアシスタントや Alexaに対応した家電じゃないと音声コントロールできない」と思っている人もいますが、それは間違いです。インターネット接続が可能な最新家電に買い替えなくても使えます。

鍵となるのは「スマートリモコン」。価格は5000～1万円前後で、これがあればあら不思議。インターネット接続機能など搭載していない普通のエアコンやテレビ、照明器具などがインターネット経由で操作できるようになっちゃうのです。熱中症防止や消し忘れに有効な自動化もできます。

さらにスマートスピーカーやスマートディスプレイと組み合わせれば、親にも喜んでもらえる「声だけでの操作」も可能になります。

いざというときに玄関のカギを遠隔解錠するための「スマートロック」も、ドアやカギを丸ごと交換となれば作業的にも費用的にも結構大がかりな作業になります。でも実は、内側のサムターン（つまみ）部分にかぶせて両面テープで貼り付けるだけで使える後付けタイプのものもあります。使わなくなったら簡単に剥がして取り外せるので、賃貸物件でも利用できます。

そんな「ちょい足し」でできることがたくさんあるので、帰省したときのスキマ時間でちょこちょこ作業するくらいで設置できます。買い替えや大掛かりな工事だと、親の承諾をもらうのも難儀するかもしれませんが、これならきっとスムーズにいくのではないでしょうか。

初めてでも悩まない～スマホで設定するだけで簡単＆楽々

設定はすべてスマホアプリで行います。製品によっては、機器をどんな場所にどう置けばいいかや固定方法まで含めスマホアプリで説明されています。同こんされている取扱説明書に印刷されたQRコードを使ってスマホアプリをダウンロードすれば、紙の取扱説明書を読む必要すらありません。

どんな感じなのか､以下で実際の設定画面をいくつか紹介します。

最初はちょっと戸惑う部分もあるかと思いますが、基本的には画面の指示に従って設定を進めていくだけなので、それほど難しくはありません。

メーカーごとに専用アプリがあり設定方法も利用できる機能も異なりますが、基本的にはそれほど大きな違いはないと思います。ただいくつものアプリを切り替えながら操作するのは少々面倒なので、最初は２～３社の製品に絞って導入することをおススメします。

スマートリモコンの設定はこんな簡単!

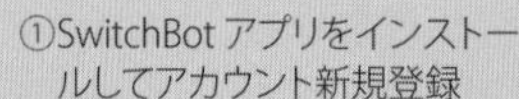

①SwitchBot アプリをインストールしてアカウント新規登録

②「デバイス追加」をタップ、Bluetoothで検出された一覧からハブミニを選択

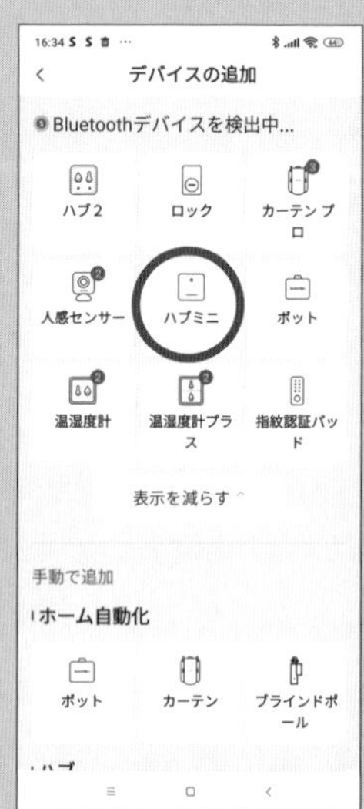

赤外線リモコンがついた家電製品ならほとんどのものをインターネット経由で操作できるようにしてくれる便利なアイテム「スマートリモコン」。SwitchBot ハブミニの場合の初期設定やリモコン登録方法はこんな感じです。

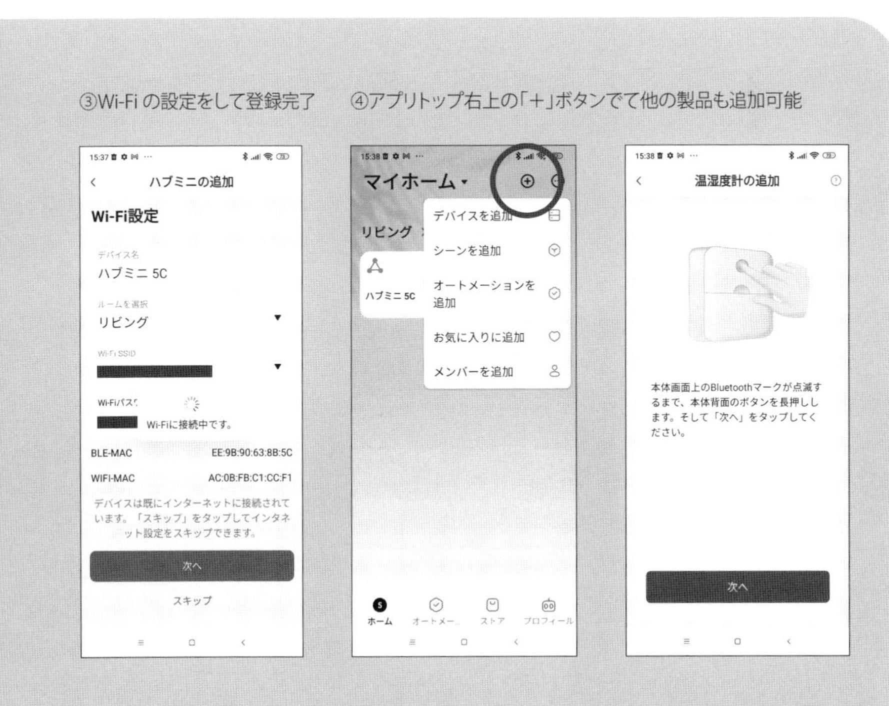

エアコンをアプリ操作できるようにする

①ハブミニを選択し「リモコンを追加」をタップ

②「エアコン」を選択し「自動学習」をタップする

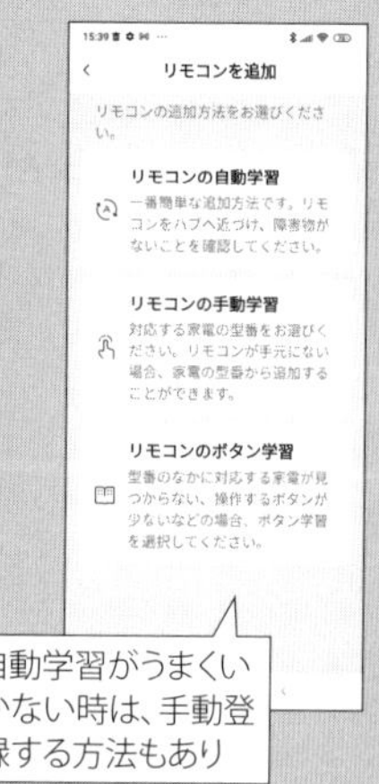

自動学習がうまくいかない時は、手動登録する方法もあり

③エアコンのリモコンをハブミニに近付け適当なボタンを押す

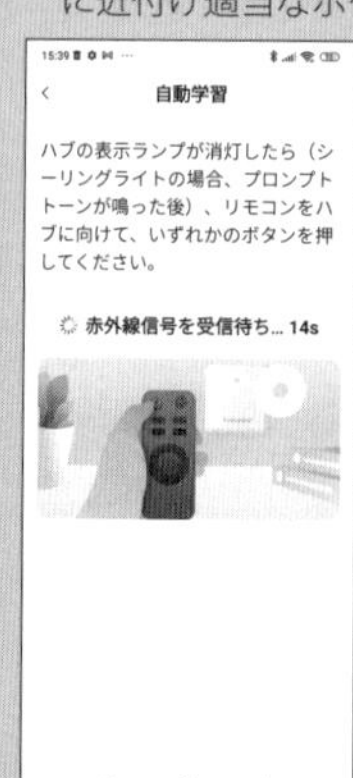

④アプリ操作で家電が動くかどうか確認して完了

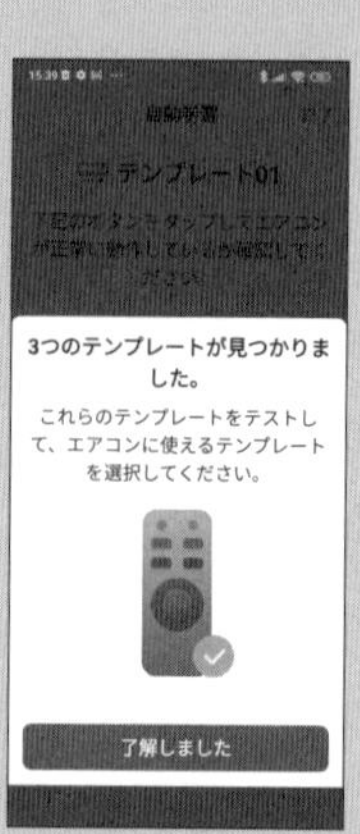

これでスマホアプリから エアコンが操作できちゃう

これでスマホアプリ上にエアコンを操作するための「デジタルのリモコン」ができました。

このアプリ上のリモコンのONボタンを押すと、Wi-Fiでインターネット接続された「ハブミニ」に指示が届きます。そしてハブミニからエアコンに赤外線信号が発信され、エアコンが稼働開始します。

もともと使っている物理的なリモコンも引き続き使えますので、親の使い勝手は今まで通りです。

他の人とも共有して、複数人のスマホアプリでそれぞれ操作することも可能です。

◇◇

「SwitchBot」ってどんなメーカー？

今ある家電製品や照明などをスマホアプリ経由で一括操作できるようにしてくれる便利な「スマートリモコン」。高齢の親の見守りでも強力なサポートをしてくれます。

私の実家では「SwitchBot ハブミニ」を使っていますが、別メーカーの製品「Nature Remo」のほうが国内での認知度は高いかもしれません。他にも同じような機能を持つ製品はいくつかあり、サンワダイレクトやリンクジャパンも販売しています。

スマートリモコン自体の機能やアプリの使い勝手などはそれほど大きくは違わないので、どれを使っても親の見守り用途であれば不便なことはありません。

それではなぜ私がSwitchBot製品を多く利用しているのかというと、いくつか理由があります。

- **各種センサーやカメラなどラインアップが充実している**
- **センサーやカメラの価格がリーズナブルで複数箇所に気軽に設置できる**
- **指ロボット「SwitchBot ボット」や「SwitchBot カーテン」など他にない製品もある**

見守りには、親の生活スタイルや課題に応じていくつかの製品を組み合わせて設置する必要があります。その際、なるべくメーカーをそろえたほうが、同じスマホアプリで一括管理でき、効率もよく、かつ連携もさせやすくなります。

SwitchBot 社は、スマートリモコン「SwitchBot ハブミニ」を中心に、開閉センサーや人感センサー、ネットワークカメラ、温湿度計と製品ラインアップが豊富で、しかも製品価格がリーズナブル。必要な場所に必要なだけ取り付けることができます。

スマートリモコンに温湿度計が組み込まれた上位版「SwitchBot ハブ2」もありますが、個人的には別々のほうが使いやすいかなとも思います。温湿度計は、親が室温を確認しやすいようテーブルの目立つ場所に置きたい。それがスマートリモコンと一体化していると電源ケーブル付きになってしまい、ケーブルが少々邪魔です。

壁スイッチを物理的に押してくれる「SwitchBot ボット」は、壁スイッチなどを物理的に押してくれる指ロボットです。赤外線リモコンがついていない家電製品はスマートリモコンでコントロールできないのですが、この指ロボットを組み合わせればインターネット経由でスイッチを押せるようになります。カーテンを開け閉めする「SwitchBot カーテン」も導入してみると実に便利な製品です。

2022年に「Matter」というスマートホームの新しい共通規格が登場し、今後この分野への新規参入が増え、業界地図も大きく変わっていくことが予想されます。ただ現時点では、「製品ラインアップの豊富さ」がメーカー選びの大きな指標になります。

一つひとつの製品の性能や価格だけで比べるのではなく、必要になるだろう製品群をリストアップして、どのメーカーなら同じアプリでより多くの製品をコントロールできるかという視点で検討してみてください。

▶ SwitchBot（スイッチボット）Japan 公式サイト
https://www.switchbot.jp/

◇◇◇

AIアシスタントの自動化設定もこつをつかめば大丈夫

ここまで「初めてでも簡単！」と強調してきましたが、一つ例外があるとすると「スマートスピーカー」です。これも、初期設定は難しいことはなく、アプリをスマホにダウンロードしてその指示に従えば、Wi-Fi 接続設定など必要な設定がスムーズにできます。

そして「OK Google、今日の天気は？」「アレクサ、今日のニュースを教えて」など話しかければ、すぐ答えもかえってきて問題なく使えるようになります。

ただ、親をサポートするためにリマインドや自動化を設定していこうと思うと、こちらはちょっと慣れも必要になりますし、どうするのがベストかは試行錯誤してみないと分からないこともあります。

というのも、できることが非常に多いからです。自分自身が設定者でありかつ利用者であるなら、トライ＆エラーを繰り返しながら最適化していけばいいのですが、設定者と利用者が異なる場合には想像力が要求されます。

また高齢の親に新しいことをたくさん覚えてもらうのは難しいものです。なるべく絞り込んで、かつ「アレクサ、おはよう」というだけで必要なアクションをまとめて実行してくれるなど、自動化を賢く活用する必要があります。

例えばこの設定を見てください。

これは、スマートディスプレイ「Echo Show」で実行させたいアレクサの設定です。

頻度：毎日

時間帯：朝５時～９時／一回実行したら次は４時間後

タイミング：人を感知したとき

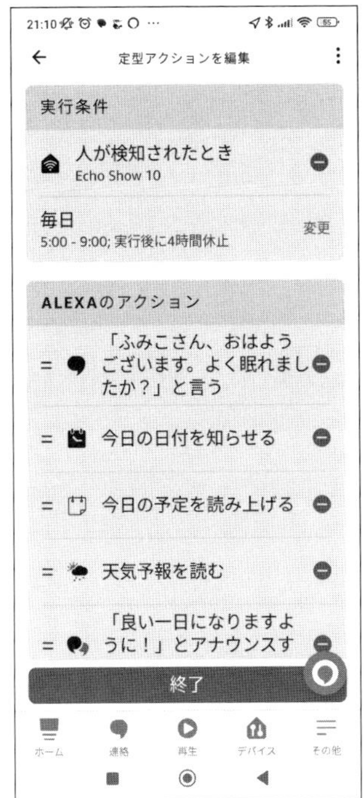

Alexa設定画面

アクション：「ふみ子さん、おはようございます。よく眠れましたか？」と朝のあいさつを述べた後、「今日は○月○日です」と日付を伝え、今日の予定と天気予報を読み上げる。最後に「いい一日になりますように」と言って終わり

Echo Showにはカメラが付いており、カメラが人を検知したときをトリガーにしたアクションが設定できるので、朝、親が部屋に現れたときに、今日の日付を読み上げ、予定を教えてくれるよ

うに設定できます。

母は日時見当識障害で、今日が何日かを度々勘違いしてしまいますが、この日付読み上げによっていったんその認識が補正されます（時間が過ぎるとまた忘れてしまいますが）。また予定も確認できるので、デイサービスのための外出準備を念頭に動くことができるようになります。

この設定のポイントは、時間帯の指定と一回実行した後の繰り返しです。母は朝５時ちょっと前に起きますので、時間帯は５～９時にしました。ただその設定だけだと、例えばトイレに行ってまた戻ってきたら、同じメッセージを読み上げてしまいます。なので「一回実行したら次は４時間後」という追加設定が必要になるのです。こうすれば、仮に朝５時に実行されたとしても、次は４時間後なので設定時間枠外となり実行されません。最初に人が検知されたとき一回だけ実行されるのです。

アレクサにもGoogleアシスタントにも、最初から用意されているサンプル設定がいろいろあり、それを見ていくと参考になるものが見つかります。アレクサを使った自動化やリマインド、スケジュール管理は、高齢者じゃなくても役立ちます。たとえばごみ出しをうっかり忘れないよう、毎週月曜日の朝８時に「今日は燃えないごみの日ですよ」などと言ってもらうのです。他にも、毎日のストレッチ習慣を定着させたい、睡眠の質向上のため寝る前の一定時間はスマホやパソコンをいじらないようにしたいなど生活リズム維持のため、スマートスピーカーを活用することができます。

まずは自分自身でスマートスピーカーを実際に使ってみて、どんな機能や活用法があるのか試してみてはいかがでしょうか。

1-4 疑問その2「お金が結構かかっちゃうんじゃないの？」

ポイント

1. 見守り目的でも役立つリーズナブルなスマートホーム製品が続々登場
2. 人感センサーやスマート温湿度計は2000円台から
3. まずはミニマムな体制からスタートし、ニーズに応じて拡張していく

導入も設定も簡単なことは分かった。となると、次に気になるのはやっぱり予算でしょう。

遠隔での見守りは、施設入居や同居までの「過渡期」と考えている方も多いと思います。どのくらいの期間お世話になるかも分からないので、あまり大きな初期コストはかけられないと考えるのは当然です。

ホームセキュリティー会社の高齢者見守りサービスなどでは、初期費用をあまりかけず月額料金で利用できるプランもあります。状況によっては、警備員駆け付けもあるセキュリティー会社のサービスを利用するほうがいいかもしれません。

本書の後半では、そうした手軽に利用できる見守りサービスや、

簡単に導入でき月額料金を払って利用する安否確認のための製品も紹介しますが、まずは、DIY でスマホ見守りシステムを構築する場合にどのくらい初期費用とランニングコストがかかるのか見てみましょう。

スマートホーム製品は価格もリーズナブル

実は、スマートホーム市場には多くの企業が参入し、毎年次々と新製品が発売されています。価格も比較的リーズナブルです。私が DIY で実家に見守りシステムを構築してみようと思い立ったのも、そのために必要なアイテムが Amazon.com で安価に買えることが分かったからなのです。

例えばネットワークカメラ。

Amazon.comのネットワークカメラ売れ筋ランキング

こちらはAmazon.comで売れ筋のネットワークカメラ一覧ですが、安いものは2000円台からあり4000円から5000円前後が最多価格帯です。これなら、例えば旅行で留守する際に、ペットの飲み水が足りなくなっていないかを確認するためだけに買っても惜しくない金額でしょう。

また人感センサーや温湿度計も2000円台からあります。

人感センサーは、本来の用途は「人が部屋に入ってきた」「部屋が無人になって一定時間が経過した」などをトリガーに、エアコンや空気清浄機などを自動で付けたり消したりするための製品で

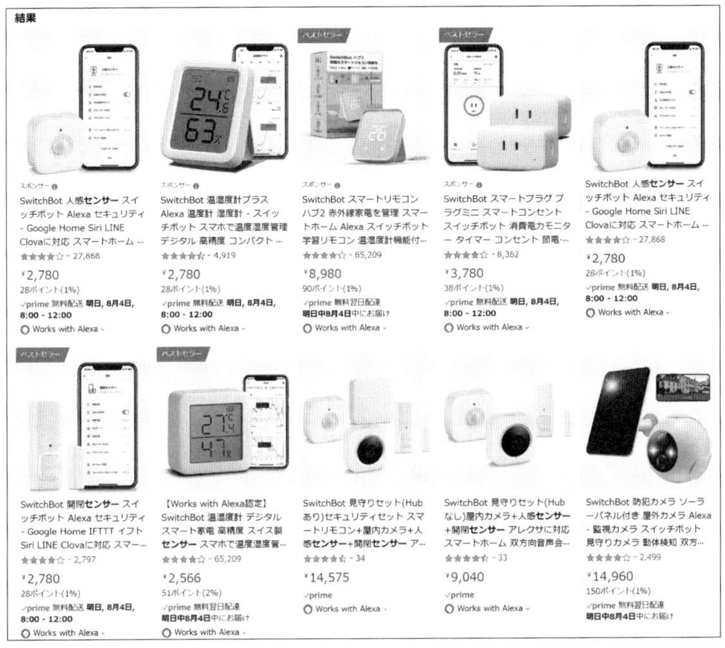

SwitchBotの各種センサー

すが、見守り目的であればトイレなど生活動線上に設置して安否確認できます。

一連の見守り製品の中でちょっとお高めなのが、玄関に設置するスマートドアベルです。Amazon.com のグループ会社の製品「Ring Video Doorbell 4」で２万 3980 円（2023 年８月時点）。ただ両面テープで貼り付けるだけで利用でき、工事費なども不要なことを考えると、決して高くはないかなと思います。実家で必要なくなれば他の場所に移動することもできます。

具体的な費用一例

トータルの費用は、何をどれだけ購入するか次第ですが、参考までにこんな前提で費用を見積もってみました。

・一戸建て／親１人暮らし
・転倒・脳梗塞リスクあり
・スケジュール管理などのサポート必要
・インターネットは既に導入済

■見守りメインのシンプルプラン

ネットワークカメラ（リビング・寝室）	SwitchBot	3480円 ×2
スマートリモコン（リビング）	SwitchBot	5480円
開閉センサー（玄関）	SwitchBot	2780円
指ロボット（リビング）	SwitchBot	4480円
スマートスピーカー（リビング）	Amazon.com	5980円
合計		2万5680円

まずは比較的ライトなプランです。先ほど述べた理由で、メーカーはある程度そろえたほうが、共通のスマホアプリで設定・運用できるので楽です。ここでは製品バリエーションが充実したSwitchBot社の製品で固めていますが、もちろん他社製品でも問題ありません。

最初からあれもこれも一気に導入してしまうと無駄も発生しがちです。まずはネットワークカメラ＋スマートリモコン＋スマートスピーカー程度のミニマムな体制から始めるのもいいかなと思います。

見守りの目となるカメラは、親の滞在時間が比較的長い場所ということで、1台はリビングに。もう1台は親の同意が得られるなら寝室に、無理そうなら廊下や玄関が見渡せる場所にもう1台を設置する前提です。

さらに玄関に開閉センサーを、そしてスマートリモコンとスマートスピーカー、指ロボットをリビングに設置して、エアコンやテレビ、天井照明などを声だけでつけたり消したりできるようにし、かつ遠隔からも操作できるようにします。

ライトなプランと言いましたが、実際には結構手厚い内容になっています。

Amazon.comのスマートスピーカー／スマートディスプレーは、定期的に開催されるセールで半額近くまでディスカウントされることがあり、スマートリモコンなどもセール時には大幅値引きとなります。今すぐ必要ということでなければ、そうしたセールを待つのも手です。

ちなみに私は、メルカリで新品未開封のスマートディスプレイ「Google Nest Hub」を半額以下で買いました。スマートスピーカーは一時期、忘年会の景品や、インターネット回線・携帯電話回線の新規契約特典などでも盛んにばらまかれ、「もらったけど未開封のまま」という人も多いようです。音声コントロール目的に使う程度なら、ひと昔前の型落ち製品で全く問題はありません。

ネットワークカメラは各社からいろいろな製品が出ています。私が利用しているのはArlo社の製品とXiaomi社のレンズが360度回転するカメラ、最近さらにAmazonグループのRing製品も使い始めました。アプリを共通化したいなら、SwitchBot社からも安価なネットワークカメラがでています。

開閉センサー・人感センサーも2000円台とお手頃価格なので、玄関やトイレの他、必要に応じて気軽に買い足すことができます。

もう少し本格的なプランということならこうなります。

■メガ盛りプラン

ネットワークカメラ（リビング・寝室・廊下）	SwitchBot	3480円×3
スマートリモコン（リビング・寝室）	SwitchBot	5480円×2
開閉センサー（玄関）	SwitchBot	2780円
人感センサー（トイレ・洗面所）	SwitchBot	2780円×2
温湿度計（リビング・寝室）	SwitchBot	2566円×2
指ロボット（リビング）	SwitchBot	4480円
スマートディスプレイ（リビング）	Amazon.com	9980円
スマートスピーカー（寝室）	Amazon.com	5980円
緊急通知ボタン（持ち歩き用）	SINGCALL	2659円
スマートドアベル（玄関）	Ring	2万3980円
スマートロック（玄関）	セサミ	6960円
合計		8万8911円

私の実家は、ほぼこれと同じラインアップです。まずはリビングと寝室の両方に基本３製品のセットとして

- スマートリモコン
- スマートスピーカー／ディスプレイ
- 温湿度計

を設置しています。母は日中も含め寝ている時間がかなり長くなっているため、寝室でも「声だけの操作」や「日中の温度管理」をできるようにしました。寝室で「アレクサ、おはよう」と言えば、リビングのエアコンをその時点でつけて、母が起きてくる前に室温を最適化することもできますし、寝室とリビングを行き来する中で「電気を消し忘れたかも」と思っても、両方にスマートリモコンとスマートスピーカーがあれば、わざわざ消すために戻る必要もなくなります。

玄関には、私がスマホで遠隔の来客応対することもできるスマートドアベル、そして母が家の中で倒れた時には近くにいる人に家に突入して助けてもらえるよう、遠隔解錠のためのスマートロックを導入しています。

毎月必要になる料金

毎月必要になるコストとしては、下記があります。

- インターネット利用料金
- ネットワークカメラのクラウド有料オプション（利用する場合のみ）

まずインターネット利用料金。

光回線を導入する場合、光ファイバーを引き込む開通工事が必要となります。一戸建てと集合住宅（マンション等）で変わり、一戸建ての場合２万円程、集合住宅だと3000円程安くなる場合が多いです。条件によっては実質無料となることもあります。

月額費用は4000～5000円くらいを見ておけばいいかなと思います。スマートホーム用であれば回線速度はそれほど必要としませんし、特にインターネットで動画コンテンツを楽しむといったことがないのであれば安いプランで大丈夫です。

もっと手軽にインターネット環境を作るなら、モバイルWi-Fiサービス／ポケット型Wi-Fiサービスなどと呼ばれるものがあります。これは持ち歩きできる小型のモバイルWi-Fiルーターに携帯電話のSIMカードをセットして、月額4000円前後で提供するサービスです。

またモバイルWi-Fiルーターを購入し、そこに格安SIMサービスのSIMカードを差して利用することもできます。月額1000円台で運用することも可能です。

次にネットワークカメラのクラウド利用にかかるコストです。ネットワークカメラの多くには、何か動きが検知されるとその前後数秒を自動録画して保存してくれる機能があります。見守りでも、何かあったときにはその録画映像を手掛かりに何が起きているのか確認することが多く、必須の機能となります。

問題はその映像の保管場所です。カメラによっては、SDカードを挿入してそこに保存できるものや、カメラとは別の機器があり、そこに外付けHDDなどを接続して保存できるものもあります。何もない場合には、有料オプションのクラウドサービス（録画したデータを運営会社のサーバーに一定期間保管しておく）を利用することになります。

Arlo社には「Arlo Secureプラン」[*1]というクラウドストレージサービスがあり、1台だけなら月額319円、台数無制限の場合月額999円で利用できます。

---

*1　Arlo Secureプラン　https://www.arlo.com/jp/arlosecure.html

Amazon.comグループのRing社のネットワークカメラやスマートドアベルにも同様のサービスがあります。1台のみ対象の「Ringプロテクトプラン[*2] Basicプラン」なら月額350円、台数無制限の「Plusプラン」の場合は月額1180円です（どちらも2023年8月時点）。

---

*2　Ringプロテクトプラン　https://ring.com/jp/ja/protect-plans

クラウドストレージ保存だと、カメラが壊されたり持ち去られたりしても映像が残るため、防犯目的には安心です。ランニングコストを抑えたいのであれば、カメラ本体に録画映像を保存できるものを選びましょう。

例えばSwitchBotの屋内カメラは、動体検知されると自動録画する機能があり、その録画したデータはSDカードに保存できます。SDカードは最大容量128GB。一般的に1920×1080のフルハイビジョン映像ならば128GBで20時間くらい録画可能です。

動体検知した際の前後短時間の録画だけであれば、夜間はじめ無人の場合には録画がほぼ停止状態になりますし、日中も飛び飛びでの短時間映像なので、少なくとも数日分は保存されます。

1-5 疑問その3「インターネット環境もないし親はスマホも使えないけど…」

☞ポイント

1. スマホ見守りにインターネット環境は必須
2. モバイル Wi-Fi サービスなら導入も簡単
3. コストを抑えるなら格安 SIM ＋ Wi-Fi ルーターという選択肢もおススメ

スマートホーム化に欠かせないのはまずインターネット環境。そして Wi-Fi が利用できる環境です。

既に実家にインターネット環境があるなら何も問題ありません。有線 LAN のみで Wi-Fi がない場合には、契約しているプロバイダーの公式サイトを確認してみてください。ルーターにプラスして使う Wi-Fi アクセスポイントという機器を貸与してくれることもありますし、一体型の Wi-Fi ルーターと交換できるかもしれません。

そうしたオプションサービスがない場合には、Wi-Fi ルーターだけ買い足してもいいでしょう。安価なものなら 3000 円くらいで、設定もさほど難しくありません。

「実家にはインターネット環境は何もない」という方も少なくないでしょう。

高齢の親が Web サイトを見たりメールしたりするわけでもないのにもったいないと思うかもしれませんが、いまや「インターネット＝ Web サイト閲覧やメール送受信」ではありません。スマートホームの運用も、インターネットの大事な使い方で、そのためだけに導入する価値があると思います。

インターネット環境を用意し、電話だけに頼らない見守り体制を作ることで、親が寝たきりになってしまう事態を防げるかもしれませんし、ハプニング連発で頻繁に実家に飛び帰らなくてはいけなくなる状況を変えられる可能性もあります。そう考えれば、毎月数千円のコストは決して高くはない――私自身はそう実感しました。

インターネット回線の導入にはいくつかの選択肢があります。

- 固定インターネット回線サービス（光回線・ケーブルテレビなど）
- モバイル Wi-Fi サービス（ワイモバイル、UQ WiMAX など）
- 格安 SIM サービス＋ SIM フリー Wi-Fi ルーター

光回線であればスピードも速く安定しています。また光回線を利用した多彩な専門チャンネルをもつテレビサービスを楽しむこともできます。「最近テレビをつけても面白くない」とぼやいている親に喜ばれるかもしれません。

課題は開通までに時間がかかることと初期費用（一戸建てで２万円弱など）。一戸建てかマンションか、地域などによっても異なりますが、数週間から１か月近くかかり、また工事立ち合いなどもあり、実家が遠い方にとっては少々ハードルが高くなります。

実はスマートホームに使うだけであれば、それほど高速な回線は必要ありません。私の実家ではもともと下り12Mbps（上り1Mbps）のYahoo！ BBのADSLサービスというのを使っていました。これにWi-Fi経由でネットワークカメラをつないでライブ映像を見たり通話をしたりすると少々タイムラグが生じていましたが、慣れれば使えないレベルではありませんでした。

今は携帯電話の回線を使った通信でもこれよりもずっと高速です。スマートホームの構築目的にインターネット回線を入れるのであれば、手軽に導入できるモバイルWi-Fiサービスや、格安SIMサービスを利用してSIMフリーのモバイルWi-Fiルーターに挿入して使うのも賢い選択です。

初期費用はそれほどかかりませんし、新規契約後、モバイルWi-FiルーターやSIMカードをいったん自分宛てに送ってもらえば、帰省前にネットワークカメラやスマートホーム化各種製品のネットワーク設定・初期設定も行い、動作確認まで済ませておくことができます。

光回線など固定インターネット回線は、初期費用もあるので一定期間使う前提でないともったいない気がしてしまいますが、モバイルWi-Fiサービスや格安SIMであれば、親が施設に入るなどして役目が終わったら解約すればいいですし、不要になったWi-Fiルーターは自分で使ったり、メルカリやネットオークションサイトで売ることもできます。

◇◇

親に興味を持ってもらうための工夫

楽しいこと・好きなことは受け入れやすいもの。一方、重たくて深刻なリスクへの対応は、必要と理解していても現実直視を避けたくなる心理が働きます。

「スマートホーム化」も、なるべく楽しさを前面に出し、製品やサービスを好意的に受け入れてもらえるよう工夫が必要です。

例えばスマートディスプレイだったら待機時に家族やペットの写真のアルバムをスライド表示させるのも効果的です。スマートディスプレイのメーカーがやっている写真共有サービスを使っているのであれば簡単に設定できます。どちらのサービスも写真に写っている人物の顔を自動識別してアルバムを作ってくれますので、写真をいちいち選ぶ手間も必要ありません。

「OK Google、おはよう」と呼びかけることでその日の予定を読み上げてもらう機能を習慣化してもらうためには、「おはよう」と言いたくなる何かをプラスするのもありです。たとえば「今日は何の日?」を設定に加えておくと、記念日や歴史的事件があったエピソードなど、毎日違うプチうんちくを教えてくれます。

「今日の予定は?」「今週の予定は?」などとスマートスピーカーに呼びかけてもらえばAIアシスタントがオンラインカレンダーから予定を読み上げてくれますが、登録されているスケジュールが病院や通所リハビリの日程だけだと、積極的に活用してもらえない可能性もあります。

その場合には、ちょっと手間がかかりますが、親が好きなテレビ番組の予定を登録しておくのもひとつの方法です。「今夜は何か面白い番組やっているかな?」と予定を確認してくれるかもしれません。

　他にも、興味を持ってもらう工夫はいろいろあります。設置して終わりではなく、どうしたら親に積極的に使ってもらえるか、考えてみましょう。

◇◇◇

◇◇◇

インターネット接続トラブルを防ぐには

　見守りテック最大の敵は「インターネット接続トラブル」です。インターネットに接続できなくなると、ネットワークカメラも見られないし、スマートディスプレイもスマートリモコンも使えなくなってしまいます。

「アレクサにエアコン付けてって言ったら、『接続されてません』って言われちゃったよ」

そんな電話がかかってきたらどうしたらいいでしょう。

　原因はいろいろありますが、解決法として手っ取り早いのはルーター

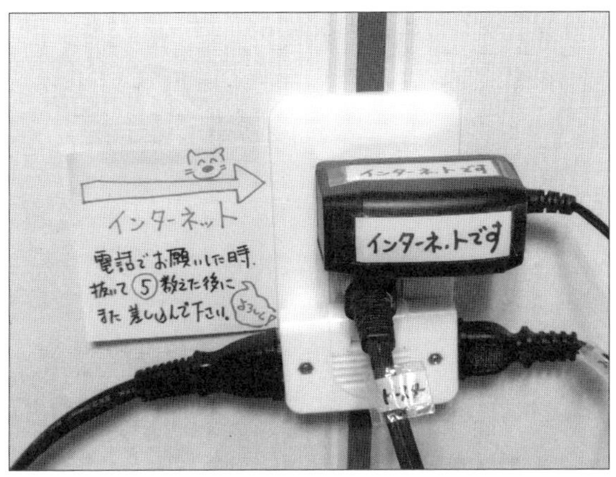

「インターネット」と書いた紙を貼り付け、横に再起動の指示を書いておく

の再起動です。自分の経験ではこれでだいたい元に戻ります。ただ親に電話で再起動をお願いしてもスムーズにいかないことが多いと思います。ルーターがどこのどれだか分からなかったり、再起動ボタンを押す操作がうまくいかなかったり……。何度も繰り返し説明しているうちに、親も面倒になってしまい「もういい、次に帰省したときに自分でやって」と投げ出されてしまうかもしれません。

そうならないために私の家では写真のように準備をしました。電話では、壁コンセントの場所を説明し、一度コンセントを抜いて5数えてからまた差し込むようにお願いするのです。できれば壁コンセントも、親が抜き差ししやすい場所にしておくといいでしょう。延長ケーブルなどを使う方法もあります。

これなら、場所さえわかれば、あとは電話の指示を忘れてしまっても、何をどうすればいいのかが一目瞭然です。「ルーター」と書かず「インターネット」と書いているのは、そのほうが理解しやすいと思ったからです。また「一度抜いて少し経ってからまた差し込む」だと、その「少し」がどのくらいの時間なのかわからず、10分後にまた差し込もうと思って忘れてしまうかもしれません。そうならないよう、「5数えた後」にしています。

自分の説明を親がなかなか理解してくれないのは、相手の問題ではなく自分側の工夫不足だと思ってください。どう説明すれば一発でわかってもらえるか、あるいは事前にどんな準備をしておけばトラブルをスムーズに解決できるか、考えてみてください。

なお、ルーターによっては定期的に自動で再起動する機能を持っているものもあります。例えば毎日夜中に再起動しておくようにすると、接続が切れていても勝手に復活してくれる可能性が高くなります。

◇◇◇

第2話

家の中で倒れて
助けを呼べなかったら
どうなっちゃう？

1人暮らしの高齢者にはリスクがいっぱい。転倒骨折に急な発病、そして認知症が進めば外出したまま帰宅できなくなってしまうことも。離れて住む家族が緊急事態にいち早く気付き、手遅れになる前にレスキューするためには、ネット経由で安否確認できるアイテムが不可欠です。

第2話
「おばあちゃんちを最先端の
スマートホームにしちゃおうよ」
3カ月後
母退院の日…
〇〇病院
お世話になりました〜
中村さん、お大事に
ありがとうございます
母を実家まで送り
夜遅くに帰宅した
ってわけで
無事送り届けてきた
ごくろうさま
おつかれさま
疲れた日のピザ
かなりひとりで
動けるようになったけど
まだ
足元が危うくて
次の休みに
手すり付けてくるよ
助かるぅ〜
それもあるけど
担当の先生からは…

お年寄りが一人暮らしで
また転倒して
起き上がれなくなった時の
対策をどうされるかです
ご家族が遠方に
お住まいの場合
大切なのは
そうですよね…
たしかに
その通り…
対策って
言ってもな〜
同居か
施設に入ってもらうしか
思いつかないなあ
でも本人は
まだ住み慣れた家で
暮らしたいって
う〜〜ん…
……
ぱくっ
もぐもぐ…

いいアイディアがある！
おばあちゃんちをうちから見守りできるようにするから
2万円くれる？
え？
そんなことできるの？
おばあちゃんちを
ばっ
スマートホームにするの！
スマートホーム？
ひょろ～ん
みさき、チーズついてる
？
どやっ

週末…
おばあちゃん、
元気だった？
いらっしゃい、
待ってたわよ～
ありがとねー
はい、おかあさんの
好きないちごと
おまんじゅうね
おばあちゃん、これが
こないだ電話で話した
見守りシステムのいろいろね
あら
わるいわねぇ
あら、
なんだか
大変そうねぇ
ねこのさと
ルーター
よくわからないけど
みさきちゃんに任せるよ
だけれど…なんだか
見張られてる
みたいで緊張するわぁ
だーかーら、
見張るんじゃなくって
見守るんだってば

おかあさんの
スマホ貸して
……
よっし
完成！
ねえねえ
見て！

えっ？
!!
あれが
撮ってるの
あのカメラが
映してるの…
ずっと映してるんじゃ
ないの
何かが動いたときだけ
自動的に録画されるの
なんか恥ずかしいわ…
大丈夫
見るの
ママだけだし
まあ、
そうよね

ママ、ちょっとだけトイレに入って
すぐ戻ってきて
14:11
トイレで人物が
感知されました
わあ！
すごい…
たった1時間で…
おばあちゃんのトイレを
監視してんじゃないんだよ
もしこの通知が
来なくなっちゃったら
おばあちゃんに
何かあったって
ママか、私が
気づくためなの
最後はコレ！
スマホのアプリ設定で
できるからカンタンだよ
SOS

?!
おばあちゃんの
おまもりだよ
SOS
万が一のとき
それ押すとね
ママとみさきのスマホに
「緊急ボタンが押されました」
って通知がくるの
そしたらみさき、
おばあちゃん助けに
飛んでくるから！
転んだときも安心だよ
…！！
みさきちゃん…
ほんとにありがとう

2-1 どうする？ 1人暮らしの親の安否確認

ポイント

1. 独居高齢者は、病気などで倒れて発見が遅れると命にかかわる。
2. たかが転倒でも、それがきっかけで寝たきりや介護生活が始まることがある。
3. 同居・施設入居だけで悩むのではなく、「遠隔見守り」という選択肢も検討しよう。

ひとごとではない「孤立死・孤独死」

「うちの親も、そろそろ１人暮らしは厳しくなってきたかなって」

「同居か施設入所か。話し合わなくちゃいけないんだけど切り出すのも難しい」――

40代の終わり頃から、同世代やちょっと年上の友人たちとの会話に、高齢の親の話が混じり始めました。通院の付き添い、介護サービスの利用、認知症の心配、そして同居や施設入所の検討開始。最近では高齢ドライバーによる事故が社会問題化していることから「免許返納問題」でもたびたび盛り上がります。

中でもちょっとヘビーなのが、孤立死・孤独死。似ているので同じように使ってしまうことも多いのですが、孤立死とは社会的にも孤立状態にある高齢者が、自宅で誰にも気付かれないまま亡くなっていること。一方で孤独死は、孤立しているわけではないけれど、同居人がいないなどで誰にもみとられずに自宅で命を落とすことです。

孤立死・孤独死は今、国や自治体も真剣に取り組む大きな社会問題になっています。東京都監察医務院のデータによると、東京 23 区内で 1 人暮らしかつ 65 歳以上の人が自宅で死亡した数は、2019 年で 3936 人 [*1]。

---

*1　内閣府　令和3年版高齢社会白書
https://www8.cao.go.jp/kourei/whitepaper/w-2021/html/zenbun/s1_2_4.html

もちろん孤立死・孤独死に該当する人ばかりではありませんが、そうと考えられるケースが多く含まれています。

「今は本当に多いよ、孤独死案件」と語ってくれたのは、指令センターで働く消防士の知人です。もはや特別なことでもなんでもなく、管轄するエリア内で毎週のように発生しているそうです。

大きな理由としてはやはり、1 人暮らしの高齢者が多くなっていること。2019 年の国民生活基礎調査によると、65 歳以上の 1 人暮らし世帯は、高齢者世帯の 49.5％と約半分を占めており、そのうち 7 割近くが女性です [*2]。

---

*2　公益財団法人長寿科学振興財団
https://www.tyojyu.or.jp/net/kenkou-tyoju/tyojyu-shakai-mondai/koreisha-dokkyomondai.html

高齢世帯であっても、夫婦ふたりで暮らしていれば、いざというときには、もう一人が救急要請するなり、離れて暮らす家族や近所に助けを求めるなどしてすぐに必要な対処ができます。でも

1人暮らしだと、立ち上がれなくなったり声を出せなくなったりしたときに、手が届く範囲内に電話や携帯電話がなければ、外に助けを求めることもできません。

都市部だけでなく、田舎でも近所や地域のつきあいは以前ほど密なものではなくなっています。地域の高齢化が進み、実家の隣近所は空き家だらけなんて方もいるでしょう。昭和時代には、数日間旅行で家を空ける際にも毎回お隣さんにあいさつする習慣がありましたが、今はいちいちお土産をもってまた帰宅あいさつにいくのが面倒と、特に声をかけずに留守する人のほうが多いのではないでしょうか。

家の中にひきこもりがちな高齢者も多く、数日姿を見かけないくらいでは「何かあったのでは？」と気にされることもありません。以前であれば郵便受けにたまった新聞が異変のサインの一つになっていましたが、新聞購読率が下がる中、それも変わっていきそうです。

たった一回の転倒で寝たきりに

では、異変ってどんなことが考えられるのでしょう。

多くの人が高齢者の急な発病として思い浮かべるのが、脳血管疾患です。「脳卒中」と総称される、脳の血管が詰まったり破れたりする病気で、ちょっと前まで普通に歩いていた人が急にまっすぐ立つことすらできなくなる、ろれつがまわらず会話ができなくなる、激しい頭痛といった症状が現れます。対処が遅れれば、半身不随など重い後遺症が残ったり命を落としたりすることもあります。発症後、どれだけ早く治療開始できるかが重要で、たとえば脳梗塞の場合、発症から4時間半以内に治療を開始できれば、後遺症がほぼ残らないくらいまで回復する可能性も高いそうです。

また、意外とあなどれないのが家の中での転倒です。普通であれば「いてててて」と腰をさすりながら起き上がって終わるところですが、高齢者の場合、それだけで済まないことも多いのです。筋力と反射神経が落ちていることから、とっさの受け身をとれず頭部を強く打ちつけてしまったり、骨密度の低下から簡単に肘や大腿骨を骨折してしまったりするのです。尻もち程度で脊椎を圧迫骨折してしまう人も少なくないそうで、そこから長期寝たきりとなり介護生活に一気に突入してしまうこともあります。

実は私の母も転倒で背骨が変形してしまいました。数カ月自宅で寝たきりの安静生活を送ることになり、私が同居して世話をしていました。

人は骨折だけで命を落とすのはまれですが、転倒して起き上がれず、誰にも気付かれず長時間が経過すれば、真夏なら熱中症になりますし、冬の北国なら夜の寒さは致命傷になります。

インフルエンザや新型コロナウイルス感染でも、急な症状悪化の危険性があります。

同居も施設入所も高いハードル

両親が二人とも健在であれば、離れて暮らしていても何かあれば連絡がくるので、こちらから積極的に安否確認などする必要もないでしょう。ただ、どちらか一方が先立てば状況は一変します。

廊下で倒れたりしていないだろうか。猛暑日にはちゃんとエアコンつけているだろうか。危ないと言ってもなかなかやめてくれない揚げ物料理。やけどを負ったりボヤを起こしたりしていないだろうかと心配は尽きません。ついつい電話で「大丈夫？」「気を付けてよ」と口やかましくしては、親に反発されたりすることもあるでしょう。

そして親本人は、さらにもっと大きな不安を抱えているはずです。離れて暮らす子供たちの負担になってはいけないと口には出さないだけで、「もし急に自分が身動きできなくなったら、どうなってしまうのか」「子供に迷惑をかけるのでは」という不安を常に抱いている可能性もあります。それがストレスになっているかもしれません。

施設入所は一つの解決策です。何かあればすぐスタッフが駆け付け、ケアやサポートをしてくれますし、施設自体も、高齢者が転んだりけがをしたりしないよう、廊下やトイレ、お風呂なども安全対策はばっちりです。家に引きこもっているより、共同生活の中で人と交流する刺激があったほうが認知症予防にもなりますし、認知症が始まっていても進行を遅らせる効果が期待できるでしょう。

ただこうした施設での共同生活に苦手意識を抱いている人も少なくありませんし、「危ないから」という理由だけで嫌がる親を無理に入居させることは難しいものです。もちろん金銭的な負担も少なからずあります。

となると残る選択肢は同居となりますが、それだって簡単ではありません。親を呼び寄せるのか、自分たちが親元に引っ越すのか。仕事も子育てもあり、夫婦での話し合いだって難航するでしょう。「介護離職」だけでなく「介護離婚」なんて言葉もあります。

離れて暮らしていても「見守り」できる！

ここで提案したいことがあります。

まだ親がある程度ひとりで自立して暮らせる状態なら、「施設入所」か「同居」の二択ではなく、「遠隔での見守り」という選択肢もあるということです。

「でも離れていたら、電話で安否確認することしかできない」

「自宅と実家の往復で身体がもたないよ」

そう思うかもしれません。分かります。私も毎日のように電話をし、なかなか出てくれずハラハラさせられたり、心配しても逆にいらだたれてしまったり、急なトラブルで毎月何度も往復する羽目になり、心身ともに疲弊していた時期がありました。熱中症にはなるし、転倒してさらに歩行困難になる、認知症が進んで通院日も間違えまくってしまう。

このままじゃ親も大けがしてしまうし、私の生活もボロボロになってしまう。

何かもっといい方法はないものか。

離れて暮らしていても、電話に出てもらえなくても、今何が起きていて、どうするのがベストなのか把握できる方法はないのか。

たどり着いた結論が本書で紹介する「実家スマートホーム化」によるスマホ見守りです。

帰省のたびに新アイテムを設置し、スマホから設定を行って運用を開始しました。約３カ月間の試行錯誤の末、離れていてもまるで自分が実家にいるかのように、家の中で起きていることを把握し、そして必要があればエアコンや照明なども遠隔コントロールできる体制ができました。

親のデイサービスのお迎えがくれば私のスマホにも通知が届き、カメラ越しに「いってらっしゃい」と声をかけて送り出し、戻ってくれば廊下の途中のカメラから「おかえりなさい」と言うバーチャルな同居。母のスマホ操作が難しくなり、なかなか電話に応答してくれなくなっても、リビングに置いたスマートディスプレーのビデオ通話機能を使って、毎日朝ごはんを食べながらお互いの顔を見て雑談することもできるようになりました。

「こんなことができるなんて、すごい時代になったね〜」

母はよくそう感嘆の声をあげていました。

中でも私と母にとって大きかったのは、「何かあれば数時間以内には発見し対処できる体制」ができたことです。第２話では、優先度が高い「離れて暮らす親の安否確認」の方法をまずはご紹介します。

2-2 まずは不安や課題、想定リスクを書き出してみよう

☞ポイント

1. 脳梗塞は、発症後早期に発見・治療開始しないと重い後遺症が残ることもある。
2. 親の介護や見守りに関わる不安や課題を具体的に書き出すことが大事。
3. 「導入しただけで使われず」にしないため、抱えている課題をしっかり整理しよう。

Xデーはある日突然やってくる

人生 100 年時代。

健康で毎日生き生きと暮らせているのであれば長寿はもちろん大歓迎ですが、実際にはそんなケースばかりではありません。年を重ねるごとに足腰や目、耳、そして身体の内側のどこかの部位に次々とトラブルが発生して、「年はとりたくないもんだ」とぼやく羽目にも。

そして先述したように、不調を感じて病院に行く余裕すらない緊急事態も多々発生するようになります。

その代表が「転倒」です。加齢で筋力が弱るだけでなく、病気

の影響で歩行が不安定になってつまずきやすくなることもあります。転倒は本当になめちゃいけません。母は転倒で頭部から出血してしまい、幸い父の存命中だったのですぐ病院に行って大事には至らなかったものの、その２カ月後、硬膜下血腫を発症し、長めの入院治療となってしまいました。頭をぶつけたりけがしたりしてから数カ月後に硬膜下血腫というのは、よくあることだそうです。また転倒で尻もちをついて背骨を圧迫骨折し、長期寝たきり生活となったこともあります。

回復には時間もかかりますし、若いころのように100％元に戻るわけでもありません。母も入院したり寝たきりになったりするごとに、さらに身体の不自由さが増し、認知症も進行していった気がします。

急な発病の典型例は脳梗塞をはじめとする脳血管疾患です。

私には、子供時代からずっとかわいがってもらった伯母がいました。未婚で小料理店を営んでおり、私が大人になってからも一緒に旅行に行くほどの仲でした。店を閉めて引退した後には、私が探して契約した郊外の公団団地に引越し、図書館で借りてきた本を読みながらのんびりと暮らしていました。

異変が発覚したのは、2017年12月のこと。父親の悪性リンパ腫による入院と母の圧迫骨折からの寝たきりが同時に発生し、看護と介護で疲弊した私は、伯母との連絡がおろそかになってしまっていました。「一度電話して様子を見に行かなくちゃ」そう思いながら、余裕がなく後回しにしていたのです。

団地の自治会事務所からの電話を受けたのはそんなときでした。「階下の人から、１週間以上姿を見ていないと連絡があった」とのこと。携帯に電話をしてもつながりません。伯母はとても慎重な性格で、入浴時に何かあっても外に助けを呼べるようにと、携帯電話を密閉ビニール袋に入れて浴室に持ち込むほどでした。私に連絡をせず旅行に行ったりすることも絶対にありません。これは何かあったに違いないと、伯母の住む団地に駆け付ける途中、警察にも連絡をしました。

伯母の家の玄関カギを預かっていたのですが、その時私は実家に滞在しており、カギを持っていませんでした。私より先に駆け付けた警察官は、自治会事務所や近所の人に話を聞き、救急車を呼び、さらにカギを開けるための工具を積んだ消防車を待っているところでした。

消防士が到着すると、すぐに解錠されドアが開きました。救急救命士の人と一緒に自分も家の中に飛び込もうとすると、警察官に「入ってはいけません、ここで待っていてください」と制止されました。部屋の中からは異臭が流れてきました。

「12 月に入ったら一度顔を見に行くからね」

そう約束していながら電話すらしなかったことを悔やみ、心の中で伯母にごめんなさいと叫び続けていました。

「孤独死は困るわ。あこちゃん（私）のトラウマになるような姿を見せちゃったらもう、今までの楽しい思い出も一緒にいろいろ話した記憶も全部吹き飛んで、私のことを思い出すたびその映像がよみがえっちゃうでしょ」

「うーん、それは私も嫌だなあ。せめて液体化だけは避けて欲しい……」

「真夏は危ないわね。なるべく早く見つけてよ、ふふふ」

そんな会話を交わしたのもわずか半年ほど前のことでした。こみあげてくる後悔を抑えきれず、ボロボロ泣きながら暗い部屋の中を凝視していたところ、寝室に向かった救命士の声が聞こえました。

「生きています！」

その後、私も救急車に乗り込んで病院へ行き、伯母は一命をとりとめました。脳梗塞で倒れていたようで、異臭はその間の排せつ物によるものでした。たまっていた新聞と、毎日欠かさずつけていた日誌から判断すると、倒れて動けなくなったのはおそらく９日前。なぜそんなにも長時間水も食べ物もとらずに生存できたのかは不明ですが、気温が低い日が続いたことが影響しているかもしれないと主治医に言われました。

ただそれだけ日数がたってしまったので、半身のまひは残りました。当初は会話もでき、笑顔も見せてくれていたのですが、その後一切の感情表現ができなくなり、言葉も発しなくなってしまい、脳梗塞から４年後に療養施設で他界しました。その間の伯母の苦しくつらい日々を思うと、あの冬の日に一命をとりとめなかったほうが幸せだったかもとも考えてしまいます。

もしくはもっと早く発見できていれば、きっと頑張り屋の伯母のことなのでリハビリに精を出し、「あなたに迷惑かけるわけにはいかないからね」と、再び自立した生活を送れるところまで身体を回復させていたかもしれません。

脳梗塞になるまではそれほど大きな病気などもなく、一人で買い物にも行き普通に暮らしていたので、私も油断していました。頭痛など予兆があった可能性もありますが、私が両親の介護に追われていることを伯母は知っていたので、連絡を控えたのかもしれません。

伯母の話がちょっと長くなってしまいましたが、このようにＸ

デーはある日突然やってくること、そして、できたはずの見守りを怠ったために自分自身の中にも一生引きずる悔いを残してしまうことを、伯母のケースで痛感しました。

どれだけ健康診断をしていても、また家の中の転倒防止策を徹底していても、急な発病や転倒で動けなくなってしまう事態は起こりえます。

最大のリスクは、そのときに外に対して助けを呼べなくなることであり、外の人にとってはそんな状態になった家族の異変に、何日も気付かけないことだと思うのです。

漠然とした不安を「全部書き出す」ことで整理する

本来、親を心配する気持ちがスタート地点の「見守り」のはずなのに、いつの間にかまるで「監視」のようになってしまい、そこからさらに「束縛」が始まってしまうことも。子供の側は見守りのつもりなのに、親からしたら監視であり束縛を受けていると感じてしまうということも多々あると思います。

私も、自分自身を振り返ると、見守りという枠を超え、親の行動を束縛し萎縮させるような言動をとってしまったことが結構あるなと反省します。

どうしてこうなってしまうのか。

ひとつには、先が見えない漠然とした不安を抱え、自分自身が実はとってもイライラし、余裕がなくなっていたからなのだと思います。転倒したら、けがをしたり最悪寝たきりになってしまったりする。

「危ないから、余計なことしないでよ！」と思わず声を荒らげてしまったこともたびたびありました。睡眠時間を削って大量に作って冷凍しておいたお弁当を、ごそっと解凍されて傷んでしまい、全部破棄してしまったこともあります。悪意がないと分かっていてもカチンときます。

でも認知症の初期症状がでている母親にとってみれば、本人も自分が何をしようとして行動していたのかが途中でよく分からなくなってしまう中、いきなり娘にヒステリックな声でダメだしされれば、不安で仕方なかったでしょう。

認知症検査の第一人者である熊谷総合病院の鴫原良仁医師によると、そんなストレスが認知症の症状を進行させることもあるそうです。

まずは自分自身が、心の余裕をもてるようにすることが大切で、そのためには「漠然とした不安を抱えている状態」を変えなくてはいけません。といっても「不安な気持ち」はそう簡単には消せません。なので手を付けるべくは「漠然とした」の部分です。ぼんやり不安に感じていること、リスクだと思っていることを書き出して、整理して、具体化・見える化するのです。

状況や場所、時間帯など具体的に記す

きっと人によっても状況・環境によっても、さまざまでしょう。

親に持病があるなら、それが急に悪化したらどうしようと心配でしょうし、薬をちゃんと服用できているかが気になるということもあるでしょう。

台風や河川氾濫など自然災害リスクがあるエリアに住んでいる場合には、大災害が発生したときにちゃんと避難できるかどうかも大きな課題となります。

「転倒」についても、ただ「転びやすくなっている」というとこ

ろから一歩進め、具体的にどんな場所でどんなときに転んでいるのかなどを書き出して、一つずつ分析してみましょう。それぞれ解決・改善策が見つかることもあるはずです。

本人や周囲の人にもいろいろ話を聞いてみましょう。母は、郵便受けに郵便物を見に行く途中で庭石につまずき転んだことがあったのが発覚しました。たまたまその数時間後に知人夫婦がやってきて起き上がることができたのでした。

夕方でそのまま誰にも発見されなかったら、夜中に凍死しかねない大事件です。庭は頭をぶつけたら大変な大きな岩もたくさんあり、段差解消も容易ではありません。郵便物の確認をヘルパーさんなどに頼んで母が一人で行かずに済むようにするか、郵便受けを玄関脇に設置しなおす必要がありました。

ヘルパーさんやケアマネさんからも、抱えているリスクについて聞くことができます。多くの高齢者をケア・サポートしている人たちなので、初体験の連続の家族より知識も経験も豊富です。玄関でどんなときにバランスを崩しやすいのか、何を設置するとより安全になるのかなど、聞けばきっといろいろアドバイスをくれるはずです。

「モノ」から入らず課題やリスクからスタートする

スマートホーム化を進める際にも、「モノ」先行にしてしまわず、しっかり課題やニーズを整理し、そこからスタートすることが大事です。

「ネットワークカメラを設置する」などモノ先行の発想で進めてしまうと、何のためという部分が曖昧になってしまい、導入しただけで満足して運用しきれなかったり、他の課題解決にも活用できたのにそのアイデアに行きつけなかったりすることもあります。モノの導入に加え、派遣ヘルパーサービスや近所の方との連携、住宅改修や福祉用具のレンタルなどと組み合わせて解決できることだってあると思います。

実際に困っていることや課題を、親からも話を聞きながらまずは思いつくままに書き出していきます。

「トイレの中で転倒してしまった」

「来客が呼び鈴を鳴らしても玄関まで行く前に帰られてしまう」

「夜間ずっと居間の電気付けっぱなしで近所の人に心配された」

「デイケアに行く日をよく間違える」――

「トイレ詰まりを自力で解決できない」などスマートホーム化とは関係がなさそうなことも含め、書けるだけリストアップしてみてください。

ある程度書き出したら、今度はそれを切り分けて整理分類してみます。例えば「来客が呼び鈴鳴らしても玄関まで行く前に帰られてしまう」なら、「来客応対」「歩行困難」であり、また慌てることで「転倒リスク」もあります。場所は「玄関」ですね。

「筋力低下」「スケジュール管理困難」「記憶力低下」「脳梗塞の後遺症？」など原因でまとめたり、場所・時間帯を書き込んでみたりするのもいいでしょう。発生頻度や、大事故につながりかねないことかどうかといった分類もありです。優先順位もつけてみてください。

そして現時点で思いつく解決策を書きこんでいくのです。スマートホーム化と同時に住宅改修も進める必要があります。ホームセンターに行けば高齢者住宅改修のためのさまざまなDIYアイテムが売られており、ちょっとした工具があれば、誰でも手すり設置や段差解消は可能です。

廊下と部屋の段差でつまずきやすくなっているということなら、1000円ちょっとで段差解消の貼り付けるタイプの樹脂製品が販売されており、それをつけるだけでかなり改善されます。

転倒を防ぐための改修だけではありません。リビングで立ち上がるときに転ぶことが増えたというのであれば、フローリングの床に連結式のフロアマットを並べるだけで、転倒時のけがや骨折リスクを減らせます。

家具の配置を変えたり、モノの置き場所を変えたりと、わずか数分の作業で解決してしまうこともあります。私の実家では、リビングでソファに座ったまま電子レンジからものを取り出せるように配置を変えただけで、転倒リスクが下がりました。

どうでしょう。

課題や解決策を書き出し、それを目の前に置いて客観的に眺めることで、今まで漠然と抱えていた不安が解決すべき課題として明瞭化されたはずです。それだけでも不思議とココロが軽くなったりするものです。

「よーし、やるぞ！」とフットワークも軽くなるはずです。

もちろん、全ての課題にいい解決策が見つかるわけではありませんが、それでもたくさん書き出した中の20％でも30％でも、「こうすればよりよくなるかも」という策がひらめけば大きな前進です。

◇◇

親の介護や見守りを「プロジェクト」にする

「親の介護」「見守り」となると、漠然とした不安を抱えたまま重い腰が上がらず、もどかしさを感じ続けている人もいるかと思います。何かしなくちゃいけない、でも何から手を付ければいいのか……。

そんなときは「プロジェクト」としてとらえてみてはいかがでしょうか。せっかくなので名前も付けちゃいましょう。ちなみに私は「実家スマートホーム化プロジェクト」と名付け、「実家スマートホーム化プロジェクト　課題一覧」「実家スマートホーム化プロジェクト　アクションプラン」など、ノートに書き出して整理する際にも毎回そのネーミングを入れていました。

そうすると不思議なもので、それまで考えるのもちょっと憂鬱（ゆううつ）で後回し気味だったプライベートなことが、ちゃんと把握・整理さえできれば解決できる課題に感じられるようになったのです。

同様の観点から、手書きでいいので簡単な実家の間取り図を作ってみるのも有効です。どこが危ないだろうと客観的に考えることもできますし、コンセントの位置なども書き込んでおけば、次の帰省前にある程度机上プランニングして、必要なものを買いそろえておくこともできます。「延長ケーブルの長さが足りなかった」「床をはうケーブルで転ばないよう、養生テープが必要だった」と二度手間三度手間になるのを防ぐこともできます。

気が重たくなる課題ほど、どうしたら客観的にかつ冷静に向き合えるかを模索して工夫してみる必要があります。課題はもちろんのこと、計画や記録、さらには自分自身の感情も書き出してみる——これが、ちょっと重たい課題と無理なく向き合うために有効な手段の一つだと思います。

◇◇◇

2-3 「置き換え」だけでOKな安否確認アイテム

ポイント

1. 手っ取り早い安否確認には、“置き換えるだけ”アイテムが便利。
2. 通信 SIM 内蔵の電球「ハローライト」は 24 時間操作がないと通知が届く。
3. 元祖見守り家電である象印の電気ポットは親の無事がメールで分かる。

少々前置きが長くなりましたが、ここからが本書の主テーマである、見守りに活用できる便利なアイテム・家電製品のご紹介です。

もっとも緊急性が高いのは、やはり「安否確認」。

ちゃんといつも通りの生活を送れているかどうか、そしてもし何か突発的な事態が起きて外に助けを求めることもできなくなっているのなら、「家の中で一体何が起きているのか」離れた場所からでも把握できる仕組みが必要です。

「今は元気に暮らしているけどいつ何が起こるか分からない」「まずは手軽な安否確認アイテムをさくっと導入したい」という方には、「置き換えるだけで異変に速やかに気付ける」アイテムがおススメです。

何が便利かというと、インターネット回線すら要らないこと。その分月額料金はかかりますが、手間要らずで簡単に導入できます。

電球を置き換えるだけで安否確認できる「ハローライト」

家の中で毎日必ず一回は付けたり消したりする場所の電球をこれに置き換えるだけで、見守りができるという画期的な製品が「ハローライト」です[*3]。

---

*3　https://hellolight.jp/

見た目はごく一般的な電球ですが、実は通信機能が内蔵されていて、電球のオン／オフ状況をサーバーに送信します。そして電球が 24 時間以上つけたまま、あるいは消えたままになっていると、事前に登録があったメールにお知らせが届くという仕組みです。

ハローライト

たとえば寝室の天井照明や、トイレの天井照明をこれに置き換えます。24時間ついたままあるいは消えたままというのは、転倒などで動けなくなっている可能性があると考えられるでしょう。もしくは外出したまま何らかの事故に巻き込まれ戻れなくなっているのかもしれません。その場合には、近くに住んでいるのであれば様子を見に行けばいいですし、離れて暮らしている場合でも、近所の人や近くの親戚などに頼んで訪問してもらうことができます。

電球は、口径E26で40W相当のごく一般的なものなので、取り換える作業は誰でも簡単にできます。手が届く場所であれば、きっと高齢の親本人でも可能でしょう。

ちなみに気になる料金は、Amazonで購入した場合で1年分のスタンダードプラン利用料込みで1万6720円。2年目からは月495円がかかります（2023年8月時点）。

ハローライトは、ヤマト運輸などとも提携しているので[*4]、それらの設置作業代行サービスを利用することもできます。なので「次に帰省したとき」など先送りせず、最短で安否確認体制をスタートできるのです。

---

*4 クロネコ見守りサービスハローライト訪問プラン（ヤマト運輸）
https://nekosapo-order2.kuronekoyamato.co.jp/mimamori.html

このプランでは、初期費用はかからず月額1078円でハローライトが利用できます。電球の取り付けもヤマト運輸のスタッフが訪問して行い、異常を検知したときには依頼に応じてヤマト運輸のスタッフが訪問してくれるので安心です。

見守り家電の元祖、象印マホービンの「みまもりほっとライン」

同じようなサービスとしては、象印マホービンの「みまもりほっとライン」[*5]があります。サービス開始は2001年という見守り家電の元祖ともいえる存在なので、テレビや雑誌で紹介されているのを見たことがあるという方もいるかもしれません。

電気ポットに通信機能が組み込まれていて、お茶をいれるなどのために電気ポットを利用すると、その利用状況が離れて暮らす家族の元にメールで送信されるというものです。

先ほどのハローライト電球もそうですが、見守られている親が特に意識して何かアクションを起こさなくても、日常生活の中で毎日繰り返されている動作が安否確認のキーになります。

「みまもりほっとライン」では、1日3回ポットの使用状況がメールで届きます。なので見守る側がスマホアプリなどはちょっと苦手という場合でも利用しやすいかもしれません。

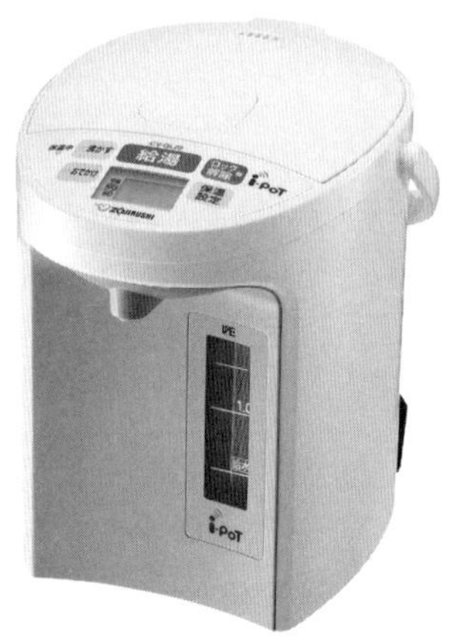

元祖「見守り家電」の象印マホービン

料金は初期費用が5500円で、その後は月額3300円です。最初の1か月は利用料無料で、その期間内に解約した場合には初期費用も全額返金となるので、まずはお試しで利用しながら導入するかどうか検討してみてもいいと思います。

---

*5 みまもりほっとライン公式サイト
https://www.zojirushi.co.jp/syohin/pot_kettle/mimamori/

2-4 見守りの「目」となるネットワークカメラ

ポイント

1. ネットワークカメラは導入も簡単で多くの人が使い始めている。
2. 動体を検知して自動的に前後の映像を自動録画する機能がついていて便利。
3. レンズ回転式や屋外用防水カメラなどさまざまなタイプのネットワークカメラがある。

「実家の親の見守りのため、まず導入すべきは？」

よく、こんな質問を受けます。ITを活用した見守りには「インターネット環境」が必須なのでそれが最初になります。これは別として、次に導入するならネットワークカメラでしょう。

電球や電気ポットを置き換えるだけで安否確認ができるお手頃な製品を紹介しましたが、これらの製品では「24時間、家の中で動きがないのはおかしい」ということが分かっても「その異変が一体なんなのか」を確認することはできません。

電話をしても、なかなか親が応答してくれずハラハラした経験をお持ちの方もいるでしょう。ハラハラが続くと、次第にイライラへと変わっていくこともあります。

近くにカギを預けられる人がいれば、確認を頼むこともできますが、親戚や兄弟が周辺に住んでいるのでなければなかなか難しいかもしれません。介護サービスによっては、派遣ヘルパー事業所などにカギを預けておけるかもしれませんが、カギの預かりはトラブルの元にもなるので一切しないポリシーの事業所もあります。

そんなときに非常に心強いのが、インターネット経由で録画映像やライブ映像を確認できる、ネットワークカメラです。実家を「見える化」することで、安否だけでなくちゃんと食事ができているかなど生活の状態も把握できます。

電話に出てくれなくても無駄にハラハラ・イライラすることもありません。カメラに内蔵されたマイク・スピーカーを使って会話もでき、ちょっとした「バーチャル同居状態」も実現できます。

安価になり一般家庭での導入も増加

従来、店舗やビルなどに設置されていた業務用の防犯カメラ・監視カメラは、各カメラが配線でつながれ、管理人室などの専用モニターでその映像を確認するというものでした。

今は映像をインターネット経由で確認することができ、有線ではなくWi-Fiでルーターと接続させるネットワークカメラが主流となっています。価格も下がり、安価なものなら2000円台から購入できます。そんなこともあり一般家庭でも導入が広がり、旅行時のペット見守りや、赤ちゃんの寝室用、ガレージの防犯などさまざまな目的で使われるようになっています。

そして実は設定や利用もとっても簡単です。

ネットワークカメラのメーカーが提供する専用アプリをダウンロードしたらアカウントを新規作成。そしてアプリから近くにある製品を探して登録し、Wi-Fi 接続設定をすれば、あとはインターネット経由で好きなときに映像を見たり、カメラを介して会話をしたりできるようになります。

初めての人でも 5 分から 10 分もあれば初期設定は完了します。

動体検知で短時間の映像を自動録画する機能

「カメラをつけても、見ている余裕なんてない気がする」と言われることもありますが、決してリアルタイムな映像を見るためだけのものではありません。むしろ実際の運用では、自動録画された映像を見ることのほうが多いかもしれません。

大半のネットワークカメラには、カメラの視界の中で何かが動くと（動体検知）、その前後の数秒から数十秒間の映像を自動録画して、専用のサーバーやカメラに挿入した SD カードなどに保存する機能があります。

スマホアプリには録画した映像のサムネイル写真が並び、タップすれば再生されます。AI で「人が写っている」「赤ちゃんの泣き声」などを判定してくれる製品もあり、さらに映像の絞り込みもできます。

親が長時間電話にも出ず、また設置したネットワークカメラのライブ映像にも写り込んでいない場合でも、最後にそのカメラの前を移動して自動録画された時の映像を見れば、夜寝るために寝室に向かってそれきりになっているのか、それとも夕方玄関のチャイムに呼ばれて部屋を出て行ってそれきりリビングに戻っていない状況なのかなどが分かります。例えば、どこかに出かけた映像が残っている場合、持っている荷物の様子などから、病院に行こうとしているのかそれとも誰かに会いに行こうとしていたのかな

自動録画された映像のサムネイル(和子は和寝室、洋子はリビングのカメラにつけた名前)

ど推察もできます。

ライブ映像で倒れている親を発見した場合には、過去の動体検知動画を確認することで、いつからその状態なのかも分かります。

レンズが360度回転するカメラで死角なし

ネットワークカメラはレンズが広角（より広いエリアを映し出すことができる）になっているものがほとんどなので、部屋の角のほうかつ高い場所から見下ろすように設置することで、12畳くらいの部屋であれば1台でほとんど死角なく映し出すことができます。

ただ1台で廊下も階段も見えるようにしたいとなると水平方向だけでなく、上下もカバーできるものが求められます。そんなときは、レンズ部分を動かせるものを選びましょう。360度回転式のものなら、スマホアプリの画面上を指でタップするだけで、レンズを上下左右に動かして、あらゆるところをチェックできます。

私の母はトイレ前で転倒してしまったことが何度かあります。便座から立ち上がるのに筋力を使うのに加え、ズボンをあげ終わる前につい歩きだしてしまい、裾を踏んだりバランスを崩してし

回転式のネットワークカメラならさまざまなところを映し出せる

スマホアプリのライブ映像画面

まったりするようです。

そこでL字型の廊下と玄関を映し出せるよう、360度回転式のネットワークカメラを設置しました。そのカメラのレンズを斜め後ろに向けるとトイレ前も映し出せるようになります。それによって母が倒れている状況を確認し、カメラのマイクとスピーカーを使って母と会話して起き上がれるようアドバイスしたこともあります。また、一人で起き上がるのがどうしても難しかったときには、知人に電話して来てもらい、助け起こしてもらいました。

スマホアプリのライブ映像の画面を見てください。左下の丸の中に点が4つあり、そこをタップするか、あるいは映像をドラッグすることで、好きな方向にレンズを向けることができます。

屋外用は電力の確保方法に注意

屋外用のネットワークカメラもあります。価格は少々高くなりますが、完全防水で直射日光にも耐えられる作りです。庭や玄関前で倒れて気付かれないままだと、気温や天候によっては家の中より危険な状態になることもあります。また高齢者だけの家は犯罪者にも狙われがちなので、防犯目的でも役立ちます。

屋外設置の場合、課題は電力の確保です。方法は３つあり、家の外壁にコンセントがあるなら、そこから屋外用の電源アダプターを使って有線でつなぐことができます。なお、注意してほしいのは屋内用の延長コードではなく屋外用の電源コードを使わないといけないことです。屋内用は防じん・防雨仕様になっていないので、漏電や火災のリスクがあります。上に屋根があっても同じです。

二つ目の方法は屋外用のカメラのメーカーが販売しているソーラーパネルを使うこと。最近のものは小型でも強力な発電パワーがあり、１日３時間も日光を受けられればそれで必要な電力を得られます。カメラとソーラーパネルの両方を壁面に設置する必要はありますが、それほど難しくはないでしょう。

三つ目の方法は「内蔵バッテリー」で、設置が最も楽です。一度充電すれば１～２カ月利用できるものもあり、バッテリー低下時にはスマホアプリで通知が届きます。月１回くらい帰省できるのであれば、帰省時にバッテリー充電もしくは予備バッテリーを用意しておきフル充電したバッテリーと交換すればいいでしょう。

◇◇

電気工事士さんを探して仕事依頼ができるサイト

古い家で、いろいろ見守りのための製品を導入しようとすると、「壁のコンセントが足りない」という問題に直面することが結構あります。30年くらい前と今では、部屋の中で使う電気製品の数も圧倒的に違います。玄関や廊下も、掃除機用のコンセントが１か所あるかどうかと

いう家は多いはずです。

延長ケーブルで対応してもいいのですが、壁コンセントを増設するという選択肢もあります。電気工事士さんにお願いする必要がありますが、今ならマッチングサイトなどで、口コミも見ながら探すことができます。

そのひとつが「くらしのマーケット」[*6]。コンセント増設の他、リフォームや家電の取り付け、ハウスクリーニングなど家周りのさまざまなことを頼める人や会社を探せます。親の身体が不自由になったときには、家の中のちょっとしたリフォームニーズなどもでてくるかと思いますので、相場チェックのためにも知っておくと役立つサイトです。

---

*6　くらしのマーケット　https://curama.jp/

◇◇◇

ネットワークカメラは何で選ぶ？

ネットワークカメラの映像はスマホアプリで確認することになります。メーカーが異なればアプリも変わりますので、複数箇所に設置する場合は同じメーカーの製品にそろえておいたほうが楽です。一方で、一つのメーカーに頼ってしまうと、その会社のサービスが急なアクシデントで利用できなくなったときに困るという理由で、複数のメーカーの製品を混在させる選択肢もあります。

利用者が多く、この先もネットワークカメラの事業を継続するだろう会社かどうかも大事なポイントです。普通のカメラなら、そのメーカーが倒産したとしても、故障時のサポートで困るくらいですが、ネットワークカメラの場合、その会社が提供するアプリとサーバーを使って映像を遠隔からチェックする必要があるので、そのサービスが終わってしまったら見守りカメラとしての利用も継続できなくなります。

ネットワークカメラは万が一乗っ取られれば、犯罪にも使われかねないもの。セキュリティーの面で信頼できるかどうかも大事です。そんな観点からも、名前も知らないメーカーの製品より、大手やホームセキュリティー製品の専門メーカーなどを選ぶようにしたほうが安全かと思います。どの製品でも同じですが、特にセキュリティーに直結するカメラやスマートロックについては慎重にメーカーを選びましょう。

◇◇

カメラ設置を親に受け入れてもらいやすいトーク

高齢の親の見守りとして、まずネットワークカメラの設置を検討している人も多いでしょう。

ただ親から「家の中にカメラつけて監視されるなんて・・・」と抵抗にあう可能性は大です。そりゃそうですよね。自分だって 24 時間のぞかれていると思ったら、例え相手が家族でも嫌ですから。

「私だって暇じゃない。見るのは携帯に電話しても連絡がつかなくて心配になったときだけ」「スマホだから映像はこんな小さいの。細かい部分までは見えないよ」といったことを、実際の映像も見せて丁寧に伝えてみましょう。

また最初は「防犯」目的で設置してみるのも有効です。玄関に設置すれば人が現れたときに自動録画してくれますし、人を検知すると暗いところでも明るく映し出してくれる機能があります。夜中など指定した時間帯に動体を検知すると、ライトを照らしたりサイレンを鳴らす設定ができる製品もあります。

夜中に別の部屋や廊下から物音が聞こえると、ドキッとしますよね。特に 1 人暮らしだと気になってその後眠れなくなってしまうこともあります。ネットワークカメラが設置されていれば、寝室からスマホアプリやスマートディスプレイにライブ映像を映し出して確認することができるので安心です。

「脳梗塞とかで倒れて発見されないままだったら大変でしょ」「いざというときには 1 分でも早く救急車呼ばなくちゃいけないんだから」などという、直視したくない現実のリスクを突き付けて不安感をあおって強引に設置するのではなく、まずは「防犯に効果がある」「他の部屋の様子をスマホから簡単に確認できる」といった親にとってのメリットを伝えて、なるべく前向きに受け入れてもらえるようしましょう。

◇◇

2-5 人感センサーで効率よく安否確認

ポイント

1. トイレなどに人感センサーを置くことで、安否確認がより効率的にできる。
2. 乾電池式の人感センサーならどんな場所にも設置しやすい。
3. 設置の際は、猫や犬などペットの動きが検知されないよう工夫が必要。

ホームセキュリティー会社の高齢者用見守りサービスでは、トイレの扉や冷蔵庫のドアなど、毎日必ず一回以上開け閉めするだろう場所に開閉センサーを取り付けます。あるいは毎日必ず通る生活動線上に人感センサーを設置することもあります（寝室の入り口など）。そして一定時間反応がない場合には、警備員が安否確認のために出動するといった流れになります。

同じことは、DIYでもできます。必要なアイテムは、スマートホーム用の人感センサーや開閉センサー。ネット通販で手頃な価格で販売されています。本来は、部屋に人が入ってきたときに自動で照明やエアコンを付けたり、帰宅・外出をトリガーに家電製品を一斉にオン／オフするのに使うのですが、親の安否確認に使えますし、認知症による徘徊（はいかい）リスクや勘違い外出が多発しているならその防止・対策にも転用できます。

人感センサーは、人が動いたことを検知するとスマホアプリに通知してくれるアイテムです。例えばトイレの中に設置しておけば、誰かがトイレを利用するたび、スマホに通知が届き安否確認になります。寝室の入り口に設置すれば、起きた時・寝る時が分かるでしょう。

安否確認や徘徊防止といった目的以外に、自動化のための「トリガー」として活用することもできます。リビングのエアコンやテレビを付けっ放しで他の部屋に行ってしまうことが多いのなら、30分以上人感センサーが反応しなかったら、全部消すという設定にすることが考えられます。

親が長期入院したり、施設に入居したりで実家が長期無人状態になったときには、人感センサーが防犯アイテムにもなります。

電池式でミニサイズなのでどこにでも設置できる

人感センサーはネットワークカメラと違い、消費電力が非常に小さいので、乾電池で長期間利用できます。例えば私が使っている「SwitchBot 人感センサー」は、単4電池2本で約3年間使えるとのこと。実際には利用頻度によって大きく変わりますが、私が実家トイレに設置した人感センサーは使い始めてから既に1年半が経過しましたが、まだ電池交換していません。

サイズが小さく軽いので、どこにでも設置できます。「SwitchBot 人感センサー」の場合、本体部分のサイズは54×54×30mm。そのまま置いてもいいですし、角度を調整したい場合には高さ3cmほどの台座を取り付けます。台座は壁に貼り付けることもできるので、階段の途中や天井にも設置できます。本体裏面はマグネットになっているので、冷蔵庫に取り付けることも可能です。

ネットワークカメラの補助役に使える

ネットワークカメラだけで見守りや安否確認をしようと思うと、ちょっと大変なこともあります。

ネットワークカメラは、何か動きを検知するとその前後数秒を自動で録画する機能があります。アプリを見ると、新しく録画された動画の数が表示されるので、それを見るだけでも「無事に生活しているな」と安心できます。親のプライバシーもあるので、私の場合は動画を再生するのは何か異変を感じたときだけにして、それ以外は自動録画された映像のキャプチャ静止画だけチェックしようと思っていました。

ところが母が転倒して動けなくなっているときに限って、飼っている猫がベッドの周りや母が普段座っている場所のあたりをぐるぐる動いていて、それにカメラが反応してしまっていたのです。猫なりに動けない母が心配で何かできないかとうろうろしたのかもしれませんが、結果として私が母の異変に気付くのが遅れてしまいました。

アプリによっては、映像の中に写っているのが人なのかペットなのか自動判定してくれるものもありますが、完璧ではありません。

人の動きにだけ感知するようにするなら、人感センサーを追加するのが一番です。

私の実家では、トイレのタンク上の飾り棚の一角に人感センサーを置きました。棚は人の胸の高さの場所。仮にトイレの入り口や床を猫が歩き回ったとしても検知はせず、母が出入りしたときだけ反応します。

親がそれをカメラだと誤解して嫌な思いをしないように、実際に出入りをしながらアプリを見せ、動きだけを検知して通知するものだと理解・納得してもらいました。

「トイレに入るたび通知がいっちゃうなんて恥ずかしいわ」と言っていましたが、転倒して長時間動けなくなってしまったことが何度かあり、本人も私以上に危機感を抱いているので、必要性は理解してくれています。

私も楽になります。それまでは、母が転倒などしていないか気になって、一日に何度もカメラアプリをチェックしていました。人感センサー設置後は、日中４～５回、夜間に２回ほどスマホに通知が届きます。ロック画面でもポップアップ表示され、小さな通知音も鳴るので、仕事をしながらそれをチラ見すれば、母がトイレに入ったことが分かります。余裕があるときならリビングのカメラをチェックし、トイレから無事戻ってきたことを確認します。後にリビングにももう一台人感センサーを追加したので、リビングの確認も通知だけでできるようになりました。

逆にカメラアプリは朝、「ビデオ通話機能を使って話しかけても大丈夫そうかな？」と確認するために開く程度となりました。

◇◇◇

人感センサーの検出範囲

人感センサーは「動き」に反応します。そして製品によって検出可能な距離や感知角度が異なります。たとえば「SwitchBot 人感センサー」の場合、検出距離は最大 9m、感知角度は水平方向で 110 度、垂直方法で 55 度となっています。

SwitchBot人感センサーの水平・垂直方向検出範囲　出所：SwitchBotのWebサイト

検出距離はアプリで変更できるので、人感センサーが向いている方向にドアや窓ガラスなどがある場合には、検出距離を短めにしておくといいでしょう。

またペットを飼っている場合、どうしても床近くのペットの動きに反応してしまうということもあります。その場合は、センサーを斜め上方向に向けたり、空き箱などの前面をくりぬいてその中に人感センサーを入れ、感知させたくない方向をセンサーから見えないようにしてしまうのも一つの方法です。

◇◇

2-6 優れものの玄関開閉センサー

ポイント

1. 開閉センサーがあれば、外出・帰宅の状況を遠隔で確認でき、徘徊（はいかい）リスクも減らせる。
2. 「外出」をトリガーにして家の中の電気やエアコンを消す設定も可能。
3. 窓にとりつければ、防犯や窓の閉め忘れ防止にもなる。

「開閉」を検知して通知しれくれるセンサーもあります。こちらは玄関の扉に設置することで、来客も含めた玄関ドアの開け閉めがスマホアプリに通知され、窓ガラスなどに設置すれば夜間の防犯にもなります。

認知症の初期症状に「開閉センサー」活用

私の場合、家の中で転倒していないかという心配に加え、「勘違いで外出していないか」ということも、大きな課題でした。日時見当識障害が始まっていた母が、「今日は病院に行く日」と思い込んで、タクシーを呼んで一人で遠方の病院に向かってしまうことが頻発したのです。

母が何度か入院し、今も定期検診を受けている病院は、実家から 20 キロ以上の距離があり、父の存命中は車で通っていました。その後は病院診察日には私が付き添い、最寄り駅までタクシーで行き、そこから路線バスに乗り換え、片道 40 分以上かけて病院に行っていました。

ところが､母が頻繁に「今日は病院の日だ」と思い込んでしまい、私がいないので一人でタクシーを呼んで病院に向かってしまうようになったのです。往復するとタクシー代だけで 1 万 5000 円を超えます。

バスに乗り換えようとして全く違う路線に乗ってしまい、隣町の社会福祉協議会から「病院に行きたいというお母さまを保護している」と連絡が入ったこともあります。そんなこともあり、「また今日も勘違いで外出しちゃっていないだろうか」という不安が、常につきまといました。

母は足が悪く徒歩で動ける範囲が極めて狭いため行方不明や徘徊の心配はありません。田舎なので、見慣れぬ高齢者がいれば、警察なり社会福祉協議会なりにすぐ連絡もしてもらえます。

しかし日時や場所の見当識障害がでている人で、歩いたり電車やバスを使ったりして遠くまで行けてしまう人の場合、そのまま現在地が分からず帰ってこられなくなるケースもあるでしょう。私の実家がある町でも、防災無線で行方不明になった高齢者を探す放送が時折流れてきます。同居している親が夜中にふらり外出してしまい、一晩中捜索活動をする羽目になったという友人もいました。

1 人暮らしの高齢者だと、外出したきりになっていても、離れて暮らす家族にはその状況すら分かりません。庭の中で倒れて、近所の人にすら気付かれず時間が経過してしまうこともありえるでしょう。

実際、母が郵便受けの近くで倒れて動けなくなっていたこともあったので、母の許可をとって玄関の扉に開閉センサーを設置しました。これが期待以上の効果でした。

開閉だけでなく動体・照度センサーも内蔵

私が玄関に取り付けたのは「SwitchBot 開閉センサー」。こちらも単 4 電池 2 本で長期間使えます。メーカーによると 1 日 200 回開閉があった場合で 3 カ月程度ということですが、実家では母がデイサービスなどで 1 日 2 回程度開け閉めする程度なので相当長く使えます。

取り付けは簡単で、電池を入れたら、2 個のパーツを玄関ドアの左右両側に貼り付けるだけ。パーツには磁石が組み込まれていて、一定以上の距離があくとそれを検知する仕組みです。

さらに動体検知・照度センサーも内蔵していて、母が玄関に近づくだけでスマホに通知が届くようになりました。この動体検知機能のおかげで、母が日時を勘違いして病院に向かおうとすると、玄関に近づくだけで私のスマホに通知が届くようになり、すかさず廊下に設置したネットワークカメラから母に声をかけ、外出を押しとどめることができるようになりました。

通院日の勘違いによる外出はいつの間にかなくなりましたが、その後もデイサービスやリハビリの曜日を勘違いして、ずっと玄関で待ってしまうということが頻発しました。

これも、玄関の開閉センサーの動体検知や、外を確認しようとドアを開け閉めする母の動きで、私が気付き、同じくネットワークカメラを通じて「おはよう」と呼びかけ、「今日は外出がない日」

と知らせるようにしました。

私が毎回呼びかけて指摘するだと「また間違えてしまった」と落ち込むようになったので、玄関にスマートスピーカーを置き、AI 音声に今日の日付と曜日、そして「外出予定はない日だ」ということを言ってもらうようにしました。そのほうが母の自尊心を傷つけずに済み、また常に娘に監視されている不快な気持ちにもならずに済むかなと思ったからです。

外出なのか帰宅なのかを自動的に判別

こちらが本来の使い方でもありますが、開閉をトリガーに家電製品や照明をオン／オフすることで、消し忘れや暗い中での転倒を防止することもできます。

SwitchBot 開閉センサーは、ただ「開いた／閉まった」を感知するだけでなく、それが家の中から外に向かう「外出」なのか、それとも外出先からの「帰宅」なのかを判別します。

不思議に思うかもしれませんが、そのための動体・照度センサー内蔵なのです。動体センサーが反応した後に開閉センサーが反応した場合には扉の内側からの開閉操作と判定され、外出もしくは来客応対などだと推定されます。

逆に、動体センサーの反応がなく開閉センサーが反応すれば、扉の外側からの開け閉めということになり帰宅と推定されます。

徘徊リスクがある高齢者の見守りにも

認知症の人は、決してただ目的もなくうろうろ街中をさまよっているわけではありません。以前の記憶などに従って、買い物に向かおうとしたり、あるいは既に退職している会社に行こうとしたりして、途中で道が分からなくなってしまうということも多いようです。

私の母も、決して本人は無謀なことをしようとしていたわけではなく、「毎回病院に連れて行ってくれていた父がいなくなったのだから、これからは一人でなんとか病院に行かなくては」「娘に毎回手間をかけさせてはいけない」と、かなり強い意志でタクシーを呼び、病院に向かっていたのでした。

母の気持ちは理解していても、母が一人でタクシーに乗って無駄な遠出をしてしまうと、つい「診察日には私が付き添って一緒に病院に行くって、何度も言ったのにどうしてまた」と母を責めてしまっていました。きっと母の気持ちと自尊心を傷つけていたよなと、今となっては反省です。

とはいえ、やはり自力で帰ってこられなくなるリスクがあり、そのまま天候が急変したり、日が落ちて暗くなってしまったりすれば危険な状況になりかねません。警察に連絡しての捜索となれば、ケアマネさんや近所の人などにも負担をかけてしまうので、なるべく防ぎたいところです。

そのためには、外出を検知してスマホに通知してくれるこの開閉センサーは強力なアイテムになると思います。

親と同居しているなら、玄関に人を検知すると鳴るチャイムをつけるという手段もあります。ただ、夜中に誰かが帰宅するとチャイムが鳴って家族全員が起きてしまうなど、欠点もあります。スマホに通知がくる開閉センサーなら、見守り担当の人のスマホだけに通知がくるように設定して、より負担のない形で夜間の外出防止ができます。

近くに住む兄弟姉妹や親戚など、より多くの人で協力しあって一緒に見守るのにも開閉センサーが向いています。スマホアプリを入れておけば状況を共有できますし、IFTTTというアプリを使えばLINEグループに通知をする設定も可能です。

窓に取り付ければ防犯や開けっ放し検知に使える

玄関以外の活用も可能です。トイレの扉に取り付ければ、人感センサー同様、安否確認に使えます。冷蔵庫の扉や、お薬を入れてある棚の扉などに取り付けることも考えられます。

窓に取り付ければ、夜間や留守時の侵入検知で防犯にもなりますし、開けっ放しになっていないかどうかのチェックにもなります。換気目的などで窓を開けたときに、連動してエアコンをオフにする設定にしている人もいるようです。確かに夕方涼しくなったので窓を開けて換気をしながら、実はエアコン付けっ放しにしてしまっていたということ、ありがちですよね。

郵便受けに開閉センサーを取り付け、郵便物が届けられるとスマホに通知が来るようにしている人もいます。届いているかどうかも分からない郵便物チェックのために毎日のぞきにいくのはちょっと面倒なので、郵便受けが家のWi-Fiの電波が届く位置にあるなら、そんな使い方も面白いと思います。

他にもアイデア次第で、いろいろな使い方ができそうです。

2-7 いざというときに外部の助けを呼ぶ緊急SOSボタン

ポイント

1. 助けが必要な緊急事態に、電話で外部に助けを呼べるとは限らない。
3. 押すだけで離れて暮らす人のスマホに緊急通知が届く Wi-Fi 接続型 SOS ボタンがある。
5. 最新 iPhone などに転倒や衝突を検知して自動 119 通報してくれる機能が搭載されている。

急に割れるような頭痛に襲われた。高熱でめまいがして立ち上がることもできない。転んだ勢いで腰を強く打ち付けてしまって、痛みで立ち上がることもできなくなった——。

そんな非常事態、一緒に暮らす家族がいれば、救急車の手配や、手を貸してもらって起き上がるなどの対処ができますが、1 人暮らしだとそうはいきません。痛みで声を出すことすらできない場合もあるでしょう。

特に持病などがなくても、「もし急に助けが必要な状況になったらどうなっちゃうのだろう」「誰にも気付かれないままだったら……」という不安がストレスになっていることもあります。

実際、ネットワークカメラやセンサーを設置しても死角は残りますし、異変にすぐ気付けるわけではありません。そこであると安心なのが、インターネット接続された緊急 SOS ボタンです。

家の中で使う緊急SOSボタン

呼び出しボタンは、これまでも寝たきりの人がいる家ではよく使われてきました。ボタンを押すと、離れた部屋に設置されたチャイムが鳴って、何かお願いしたいことがあるのだと伝わるというものです。電話機の子機を代わりに使っている家もあるでしょう。

同居人がいない 1 人暮らしの場合には、そういったチャイムでは意味がありませんし、動けなくなったとき、手が届く範囲に電話機や携帯電話があるとは限りません。

私の実家では、そんな時の緊急連絡用に、Tuya Smart という機器メーカーの「SINGCALL 緊急連絡ベル」を調達しました。

この「SINGCALL 緊急連絡ベル」は、Wi-Fi 経由でインターネット接続しており、ボタンが押されると事前に登録しておいたスマホアプリに通知がいくというものです。軽くて小さいので、首にかけておいても邪魔になりません。家の中でいつも持っているようにすれば廊下などで倒れてしまったとしてもボタンを押すことができます。

複数のスマホに通知することもできるので、家族や親戚など何人かを登録して、誰かが速やかに対応できるような体制にしてもいいでしょう。

Wi-Fi 接続なので、利用可能なのは無線 LAN ルーターから電波が届く範囲です。外出中には使えませんが、私の実家では庭でも利用できました。

課題は「家の中で常に持ち歩いてもらえるか」です。母にはなるべく首から提げて持ち歩いてほしいと伝えていますが、ほぼベッドの枕元に置き去りです。脳梗塞リスクもあり、本人も必要性は感じていますが、常に身に着けるという習慣化には至っていません。

それほど高額ではないので、ベッドの枕元、トイレの中、庭に出る時用に玄関など、複数購入してあちこちにぶら下げておくのが正解かもしれません。

◇◇◇

緊急時に救急要請してくれるスマートウォッチ

2022 年冬のスキーシーズン、ゲレンデからの「119 番」誤通報が相次ぐというニュースがありました。スキーやスノーボード中の転倒で、スマートウォッチの衝撃検知→自動通報の機能が働いてしまったのです。この報道を見て「そんな機能があったのか」と驚いた方もいるかもしれません。

2022 年 9 月に発売された iPhone 14 シリーズには「衝突事故検出」機能が搭載されました。これはスマホ内の加速センサーやジャイロスコープなどを組み合わせて「車が激しく衝突した」ことを検知すると、自動で緊急通報をするというものです。

衝突を検知すると、iPhone から警告のチャイム音が流され、画面に「衝突事故に巻き込まれた可能性があるようです。あなたの応答がない場合、この iPhone から緊急 SOS を発信します」と警告メッセージが表示されます。そして、緊急通報するための SOS スライダーが表示されます。これをスライドすれば緊急電話がかかります。必要なければキャンセルを押します。

ただ衝撃で意識を失ってしまってスライダーを操作できない可能性も

あります。そのため、スライドもキャンセルもされずに20秒が経過すると、iPhoneが自動的に119番するのです。さらに緊急連絡先が登録されている場合、その人に位置情報と衝突事故を知らせるメッセージが送信されます。スキー場からの誤通報が相次いだ理由は、iPhoneやApple Watchを厚手のスキーウエアのポケットなどに入れて滑っている人が、警告音やメッセージに気付かずまた滑り始めてしまったからのようです。

実はそれより前から、Apple Watchには「転倒検出機能」が搭載されていました[*7]。着用している人が転倒するとセンサーがそれを検知し、同じように画面上に緊急通報のメッセージが表示されタップするだけで119番通報ができるようになります。そして一定時間何も反応がないと、手首をたたく動作が始まり、周囲の人も気付くくらいの音量で警告音が鳴り、何も反応がないとやはり自動で緊急通報が行われます。

---

*7　https://support.apple.com/ja-jp/HT208944

実際に自転車の転倒事故で意識を失った男性が速やかに救急搬送された事例や、夜中にトイレで倒れてApple Watchが自動通報したエピソードなどが報告されています。転倒したときの状況次第では長時間誰にも発見されないこともあるでしょうし、けがの状態や倒れた場所などによっては命に関わる場合もあります。きっとこの機能のおかげで命を取り留めたというケースもあるでしょう。

Apple Watchには、心拍数が設定した数値以上になると警告を発する機能などもついています。

転倒検出機能は、Apple Watch以外のスマートウォッチにも搭載されるようになりました。2023年3月にはGoogleのスマートウォッチ「Pixel Watch」にも追加されました。ただ、スマートウォッチは割と頻繁に充電が必要なため、離れて住む親に使ってもらう場合は、充電を忘れずに管理できる必要があります。私も転倒検出機能にはとても興味ありましたが、母には充電管理が難しそうと思い、断念しました。そのうち、高齢者のためにこの機能だけに特化したバッテリー持ちもいいスマートウォッチが登場するかもしれません。

「転倒して動けなくなったときにどう通報するか、またどう家族などに知らせるか」は大きな課題です。高齢者に限らず、ひとり暮らしで急な発病などで倒れて動けなくなってしまうことはきっとあると思います。

スマートウォッチなど、身に着けるデバイスのこうした機能がさらに進化していけば、本書で紹介しているような、家の中にネットワークカメラや人感センサーなどをいろいろ設置しての安否確認は不要になり、転倒したり長期にわたって全く身体を動かさなかったり、心拍数や体温、発汗などさまざまなデータをもとに AI が判定して、あらかじめ登録している人に異常を連絡してくれ、自動で救急通報してくれることになるかもしれません。

今後の進化が期待される分野です。

2-8 警備会社の高齢者見守りサービスを使う

ポイント

1. セコムなどのホームセキュリティー会社が、高齢者見守り専用のプランを用意している。
2. 比較的リーズナブルな料金で利用でき、いざという時には警備員が駆け付けてくれ安心。
3. 自治体によっては見守りサービス利用の際に補助金が受けられる。

高齢社会には「2025年問題」というキーワードがあります。

一般に「高齢者」の定義は65歳以上ですが、実際のところ60代後半はもちろん70代前半でも元気いっぱいで暮らしている人が多数います。前期（65歳～74歳）・後期（75歳以上）という区分もありますが、高齢者の定義自体を「75歳以上」にしようという議論もあるほどです。

そして2025年がどういう年なのかというと、戦後ベビーブーム世代（団塊世代）がすべて75歳以上の後期高齢者に突入する区切りの年で、高齢化社会ならぬ「超高齢化社会」が到来します。厚生労働省が発表した「今後の高齢化の進展～2025年の超高齢社会像」では

・65 歳以上の人口は 3500 万人で 3 人に 1 人、75 歳以上は 5 人に 1 人
・認知症高齢者は約 320 万人になると推計される
・高齢者世帯のうち、1 人暮らし・高齢夫婦のみ世帯が 7 割を占める／1 人暮らし世帯は約 37%

とされ、この超高齢化社会の到来によって「介護の担い手」「認知症ケア」「孤立死」など、さまざまな課題が深刻なものとなってきます。

とりわけ、1 人暮らしの高齢者の見守りは多くの人にとって避けては通れない課題ですし、そこに認知症が加わると、見守る側の時間的・心理的負担も大きなものとなり、仕事が多忙だったり、子育て中だったりすると手に負えなくなります。

そこを担ってくれるのが、ホームセキュリティー会社です。セコムや綜合警備保障（ALSOK）など大手ホームセキュリティー会社は、高齢の親の見守りのための専用サービスを展開しています。

実は私の実家でも、DIY の見守りシステムだけでなく、ALSOK の高齢者向け駆け付けサービスを利用しています。これは市が ALSOK と提携して実施している単身高齢者向けサービスで、収入に応じて月額無料から 3000 円程度で利用できるというもの。私の実家の収入は母の年金だけなので、月額料金なしで利用させてもらっています。

セコム「親の見守りプラン」

業界最大手のセコムは、「親の見守りプラン」というサービスを展開しています[*8]。

*8　セコム・ホームセキュリティ（親の見守りプラン）
https://www.secom.co.jp/homesecurity/plan/seniorparents/

まずは気になる料金です（以下 2023 年 9 月時点）。意外と安いのに驚いた方もいるのではないでしょうか。私もホームセキュリティーはもっと高額なイメージだったのでびっくりしました。レンタルの場合も、買い取りの場合も、間取りやニーズなどに応じて取り付け機器を追加する場合には、その分さらに料金が追加となります。

例えばレンタルの場合、上記料金に含まれているのは下記となります。

ホームコントローラーや救急通報ボタンが押されたとき、あるいは安否見守り用のセンサーに一定時間反応がないと、全国約 2600 カ所の拠点から警備員が駆け付け、必要に応じて 110 番や 119 番にも通報をしてくれます。

■レンタルの場合

初期費用	工事費4万8400円 保証金2万円（契約満了時返却）
月額費用	5060円

■買い取りの場合

初期費用	買い取りシステム料金（含む取り付け工事料）21万9890円
月額費用	3410円

綜合警備保障「HOME ALSOK みまもりサポート」

同じく、警備員のスピード駆け付けを含む高齢者見守りサービスを提供しているのが、綜合警備保障（ALSOK）です。私の実家でも、市の補助のもとALSOKの見守りサポートを導入していて、実際に警備員の方に来てもらったことも何度かあります。

個人で契約する場合には「コントローラーのみ」設置の基本料金をベースに、あとはその他の機器をどれだけ追加するかで料金が変わります。

■基本料金

プラン	ゼロスタートプラン	レンタルプラン	お買い上げプラン
初期費用	0円	設備費1万3365円	機器費5万7200円 設備費1万3365円
月額費用	30690円	2838円	1870円

■オプションサービス料金一例

機器	ゼロスタートプラン	レンタルプラン	お買い上げプラン
ペンダント型緊急ボタン	月額198円	月額198円	機器費1万1429円
見守り情報提供サービス（空間センサー・安否確認ボタン・みまもりタグ各1個ずつ）	月額1133円	工事費3300円 月額1078円	機器費3万910円 工事費3300円 月額550円
ライフリズム監視サービス（開閉センサー・センサー送信機各1個ずつ）	月額682円	工事費5280円 月額594円	機器費1万5620円 工事費5280円 月額330円
基本料金＋上記3オプションの場合	月額5082円	初期費用2万1945円 月額4708円	初期費用13万4805円 月額2750円

　このうち、「見守り情報提供サービス」に含まれる「みまもりタグ」とは、利用者の身に着けてもらう小さなタグです。それがコントローラーから離れると「外出」に、近付くと「帰宅」として通知され、徘徊（はいかい）リスクのある高齢者が外に出て行っていないかの確認ができるようになっています。

　またコントローラーには温湿度センサーも内蔵されていて、オプションで「見守り情報提供サービス」をつけておけば、熱中症リスクがあるときには通知や、コントローラーから直接利用者に注意を促してくれます。

　実際にどんな機器なのか、私の実家に設置されているものを紹介したいと思います。

　安否確認には、電話回線に接続したコントローラーと、首下げタイプの緊急通知ボタン、そして開閉センサーを利用します。

　コントローラーはとてもシンプルな作りで、オレンジ色の目立つ「緊急」ボタンと「相談」ボタンがあり、他に「取消」「外出」ボタンなどがあります。急な発病はもちろん、強盗などの場合にはこの「緊急」ボタンを押せば、最寄りの拠点に待機している警備員が駆け付けてくれます。通常のホームセキュリティーサービスで利用しているものより、ボタンの数が少なく高齢者でも分かりやすいつくりになっているようです。

　ペンダント型のボタンにも同じく、同じく「緊急」ボタンがあり、コントローラーがない場所で何かあった場合には、それを押すことで通報が可能になります。

　開閉センサーは、毎日必ず一回は開け閉めする場所に設置します。私の実家では最初冷蔵庫の扉に取り付けていましたが、24時間一度も開かずに、何も異常事態はないのに警備員が駆け付けてしまうということが何度かあり、トイレの扉に移設しました。

その他の見守りサービス

他にもいくつかの企業が、同様のサービスを展開しています。セキュリティー会社のサービスは、例えば30分以内に駆け付けら

■高齢者見守りサービス一覧

会社名	サービス名	公式サイトURL
セコム	ホームセキュリティ親の見守りプラン／あのね	https://www.secom.co.jp/mimamori/
ALSOK	HOME ALSOK みまもりサポート	https://www.alsok.co.jp/person/mimamori/
セントラル警備保障	見守りハピネス	https://www.we-are-csp.co.jp/personal/happiness/
全日警	ホームセキュリティ HAPPY GUARD「みまもりプラン」	https://www.zennikkei.co.jp/hs/service/hearty
日本郵便	郵便局のみまもりサービス	https://www.post.japanpost.jp/life/mimamori/
東京ガス	家族の見守り・住まいの見守り	https://home.tokyo-gas.co.jp/service/mimamori/
大阪ガスセキュリティサービス	見守りサービス	https://www.oss-og.co.jp/personal/
ヤマト運輸	クロネコ見守りサービス	https://nekosapo-order2.kuronekoyamato.co.jp/mimamori.html
中日新聞社	み・まも～る	https://www.chu-chunet.com/mimamo-ru/
象印マホービン	みまもりほっとライン	https://www.zojirushi.co.jp/syohin/pot_kettle/mimamori/
ハローテクノロジーズ	HelloLight	https://hellolight.jp/
ノバルス	MaBeeeみまもり電池	https://mimamori.novars.jp/
グランフーズ	らいふコール	https://anpi.lifedeli.jp/

れることなどが前提となっているので、過疎地で近くに拠点がないと、使いたくても契約できない場合があります。

いざというときに契約できるのはどこなのか確認するためにも、資料請求などしておくといいかもしれません。

自治体の独居高齢者向けサービスをチェック

自治体によっては、これらのホームセキュリティー会社との提携で、一定条件を満たす独居高齢者に安否確認や緊急時駆け付けのサービスを無償もしくは格安で提供しています。

自治体の公式サイトの高齢者向け施策ページを確認するか、電話で問い合わせてみてください。ケアマネージャーがついているなら、相談してみてもいいでしょう。

私の実家がある千葉県香取市では「緊急通報体制等整備事業」という名前の高齢者福祉サービスが用意されています。対象は65歳以上の高齢者世帯で、申請して許可が下りると、市が提携している事業者が機器を設置しにきてくれます。私の実家ではALSOKのプランが適用されることになり、ALSOKスタッフと機器設置担当者が２名でやってきて開閉センサーを取り付け、リビングに緊急通報のためのコントローラーを設置してくれました。また首下げ式のSOSボタンも貸与されたので、それは寝室ベッドの柵にぶらさげることにしました。

トイレの扉を開けっぱなしにしてしまったときや、猫がコントローラーの緊急ボタンを押してしまったとき、母がベッドから落ちて起き上がれなくなったときなど何度かALSOKの警備員が出動して駆け付けてくれました。

◇◇

まずは仮設置、トライ&エラーで最適化

ネットワークカメラやセンサーの取り付け場所、向きなど、なかなか一発 OK とはいかないもの。カメラを取り付けた後、わずかに残った死角で転倒して長時間気が付かなかったという残念なことも発生してしまうかもしれません。

Wi-Fi の電波が届きにくい場所に置いた製品が、頻繁にオフラインになって役に立たないといったこともあるでしょう。自分がそこに住んでいれば、すぐ場所を移動するなり、Wi-Fi 中継器を設置するなど対処できますが、実家だと次の帰省時まで作業はお預けです。

最初に設置するときには、帰省してすぐに設置・設定作業を行い、帰るまでの間に不都合や不調がないかどうか確認するなど、実際に使ってみる時間が取れるようにしましょう。専用の作業ノートを作って作業日誌を残すのもおススメです。

また設置したからといって過信は禁物。ちゃんと期待通りに働いてくれるかどうか、しばらく使ってみないと分かりません。少し気長に構えトライ&エラー、変更と改良と検証作業を重ねて最適化を図っていくしかありません。

カメラの死角ができやすく親の転倒リスクも高い場所があるなら、360 度回転させることができるカメラに置き換える方法もあります。どうしても残ってしまう死角は、ガラスや鏡の反射を利用することで解消できる可能性もあります。

出費がかさむのを防ぐにはメルカリや Yahoo !オークションなどを使うのも賢い方法です。私はモバイルルーターや型落ちした未使用のス

マートディスプレイを、メルカリで定価の半額以下で買いましたが、どちらも全く問題なく使えています。

逆に買ったけど今ひとつ使いにくいといった製品があれば、メルカリなどで売ってしまいましょう。スマートホーム製品は、人が直接触って操作するわけでもないので、キズや汚れもつきにくく、売買しやすいです。また親の長期入院や施設入居などで、思っていたよりも早く使わなくなってしまうかもしれません。そんなことを考えると、製品を買ったときの箱や梱包材は保管しておくのがいいかもしれません。

第3話

エアコン遠隔操作で高齢の親の熱中症を防げ！

毎年多くの人が屋内で熱中症となり救急搬送されている背景には、「暑さを感じにくくなっている」高齢者の身体の変化もあります。高齢の親が熱中症になるのを防ぐためには、電話で呼びかけるだけでは不十分。「スマートリモコン」の導入がカギとなります。

第3話
「まるで一緒に住んでいるみたい！」
ギラーン
7月下旬…
今日も西日本の
太平洋側は関東にかけた
広い範囲で
猛暑日と
なるでしょう
新潟
仙台
釧路
東京
名古屋
35
27
え？
エアコン
つけてないの？
つけてよ
今すぐ！
え？
や、暑いと
思わなくてもいいから
危険な暑さに
なるからお願い！
また
おばあちゃん？
この気温なのに
まだエアコンつけて
ないんだって
そんなに
暑くないわよって
暑くないわけ
ないじゃん

年取ると暑さも
感じにくくなるんだって
ええっ！
うらやましい
でも身体は暑さでダメージ
受けちゃうから危険なのよ
私だって毎日うるさく
言いたくないのに
ママも大変だし
心配だよね
そしたら
スマートリモコン
付けようよ
スマートリモコン？
おばあちゃんちの
エアコンをママのスマホから
つけたり消したりできるの
あたし
かなりできる
これで？
どうやって？？
秘密兵器はこの
スマホと連携できる
温湿度計
26.5℃
50%

例えばこれは私の部屋のやつだけど
これの置いてある場所の温度が
スマホに表示されるわけ
温度
湿度
ふむふむ
これをおばあちゃんが
いつもいる部屋に置くでしょ
で、室温が30℃になったら
ママのスマホに通知が
行くようにする
通知が来たら
どうするの？
じゃ、図で説明するね
温湿度計が30℃になってる
でしょ、そしたら
Before
ぼ〜
温湿度計
通知
wi-fi or
ネット回線
おばあちゃんち
エアコン
スイッチオン
おばあちゃんちの
スマートリモコン
エアコン
スイッチオン
After
カイテキ〜
へえーっ すごい！
そんなことが
できるんだ！
まるで一緒に
住んでるみたいでしょ？

3-1 「スマートリモコン」という小さな魔法の箱

ポイント

1. 何のボタンもない小さな箱「スマートリモコン」で家電を遠隔操作できる。
2. スマートリモコン導入で、高齢者の熱中症を予防することができる。
3. 認知機能低下などによって、通常のリモコン操作が難しくなることも。

「スマートリモコン」をご存じでしょうか。

リモコンというと、ボタンがたくさんついた長細い棒状のものを想像すると思いますが、「スマートリモコン」は見た目はただの四角い小さな箱です。ところがこの箱を部屋の一角に設置するだけで、あらびっくり。実家のエアコンやテレビ、その他さまざまな家電製品を離れた場所から遠隔で操作したり、スマートスピーカーと組み合わせて声だけで操作できたり、さらには自動でオン/オフできるようになるんです。

「でもそれが、親の見守りとどう関係してくるの？」とまだちょっとふに落ちないという方もいるでしょう。

高齢者が抱えるリスクの一つに「室内での熱中症」があります。私自身、両親ともに健康だったころは、高齢者の熱中症がニュー

スで報じられても完全にひとごとでした。それが、母親の認知機能が低下し始めた頃からは、毎日のように電話で「エアコンつけて、エアコン」「熱中症やばい、熱中症キケン」と連呼する日々になってしまいました。もしスマートリモコンを導入していなかったら、母はきっと夏のワンシーズンだけで３回以上は熱中症で倒れていたと思いますし、命を失っていたかもしれません。

さらに「声による操作」は、高齢者にこそ必要な機能だと思います。「うちの親は新しいものは面倒くさがって、『普通のリモコンでいい』って言うと思う」なんて話もよく聞きます。もちろんリモコンが問題なく使えているならそれでいいのです。ところが認知機能が低下してくると、慣れ親しんだはずの「普通のリモコン操作」が危うくなることがあるのです。

スマートリモコンがなぜ熱中症予防のキーアイテムとなるのか、そしてどう高齢者をサポートしてくれるのか、見ていきましょう。

3-2 高齢者の屋内での熱中症はなぜ多い？

ポイント

1. 加齢で暑さを感じにくくなり体温調整が難しくなることが熱中症の原因の場合もある。
2. 暑さを感じていない親にエアコンを適切に稼働させるのは意外と大変。
3. 「親にエアコンをつけさせなくては」という発想にとらわれず解決策を探る必要がある。

夏になると毎年のように、熱中症で倒れ搬送される高齢者のニュースが流れます。キャスターが「節電も大事ですが、熱中症は命にもかかわる危険なもの。適切なエアコン利用を」と訴えるのを聞いて、うんうんとうなづいていましたが、正直、ひとごとでした。

両親はそこまで節電意識が高くなかったですし、どちらかというと母親はエアコンを付けっ放しにする派だったからです。

ところが父が他界し、頻繁に帰省するようになってびっくりしました。日中気温 35 度近い蒸し暑い日でも、エアコンを付けずに平然とした顔で過ごしているのです。

その理由は決して節電でも冷え性懸念でもありませんでした。

「だって今日は別に暑くないじゃない」

暑さをやせ我慢しているわけでもなく、文字通り、涼しい顔でそう言うんです。それだけではありません。私が額も背中も汗でじっとりぬれているというのに、母は汗ひとつかいていない。

総務省消防庁の発表によると、熱中症で搬送される人の数は例年5万人前後。死亡数は最も多かった2010年で約1700人、新型コロナ前の2019年で約1200人と、実に多くの方が命を落としています。

熱中症というと、屋外で部活動をする高校生や、工事現場など屋外で働く人のイメージもありますが、実際には65歳以上が半数以上となっており、特に死亡者は8割以上が高齢者です。

環境省が毎年作成している「熱中症環境保健マニュアル」によると、高齢者は、若い世代に比べ、冷房を使う時間が短く、かつ設定温度も高くなっているそう。その理由としてこんな記述があります。

この高齢者の特徴的な冷房の使い方は、体の冷えを嫌がったり、節電意識を理由として挙げる人もいますが、老化に伴い皮膚の温度センサーの感度が鈍くなり、暑さを感知しにくくなるのも一因です。皮膚の温度センサーが鈍くなると、自律性体温調整の発動も遅れてきます。この行動性と自律性の体温調整の鈍化により、体に熱がたまり、熱中症の発生へとつながります。

出典：環境省「熱中症環境保健マニュアル」
https://www.wbgt.env.go.jp/pdf/manual/heatillness_manual_full.pdf

外気温を感じるセンサーは、暑さや寒さから身を守るために重要な機能です。そして汗をかくことも、身体が体温調整をするために欠かせない機能ですが、加齢によってそれも低下してしまいます。また若い人であれば、脱水が進めば自然と喉も渇き水を飲みたいという欲求が起きますが、高齢者は喉も渇きにくくなっており、腎機能の低下も重なって、脱水症状になりやすいのだそうです。

暑さや喉の渇きを感じる機能が低下していても、テレビのニュースなどで繰り返し呼び掛けているのを見ていれば、温度計を見てエアコンを付けたり、意識して小まめに水を飲んだりといった行動もとれますが、認知症が始まると、そうした慎重さも失われてしまいます。

「お母さん、今日は最高気温 35 度になるらしいから、必ずエアコンつけて！」

「もうエアコンつけた？本当につけた？大丈夫？」

当初は毎日のように電話しては必死に訴えかけ、なかなかエアコンをつけてくれない母にいらだってもいましたが、今なら理解できます。もし自分が暑くも寒くも感じていなければ、室温計なんて見ようとも思わないもの。そしてエアコンをつける意識も働かないでしょう。

認知力が低下していたらなおさらです。

エアコンを付けない母の行動を「変えなくてはいけない」と強く思い込んでしまっていましたが、繰り返し同じことを母に言って、母をコントロールしようとしていた私の行動のほうが間違っていたのです。

そう、コントロールすべきは母ではありません。「エアコン」だったんです。そして離れた実家のエアコンを操作できるアイテムは、わずか数千円で売られていたのですから。

3-3 遠隔で家電操作できるスマートリモコン

☞ポイント

1. スマートリモコンは、純正リモコンと同じ赤外線信号を発信して家電製品を動かす。
2. 遠隔操作の他、スマートスピーカーと組み合わせて音声操作することもできる。
3. 温度計・人感センサー内蔵の高機能製品もあるが、実は別々のほうが便利な場合も。

実家の２部屋に設置したスマートリモコンが大活躍

「OK Google、エアコンをつけて」「Alexa、音楽をかけて」——

このように話しかけるだけで、家電を操作したり、インターネット上のコンテンツを楽しめる。帰宅途中に自宅のエアコンをつけて、家に着いたときには部屋の中も快適な気温になっている——。スマートホームでイメージするライフスタイルの代表的なものかなと思います。

こうしたことを、最新の高機能家電に買い替えなくても実現してくれるのが「スマートリモコン」です。

私の実家では、リビングと寝室に、スマートリモコンとスマートスピーカーが１台ずつセットで置いてあります（リビングはディスプレイ付きのスマートディスプレイ）。

リビングのスマートリモコンがコントロールしてくれるのは、エアコンと天井照明、それにテレビとカーテン、ロボット掃除機です。

「アレクサ、カーテンを閉めて」

自分の声だけで操作でできるので、リモコンがうまく使えなくなっていた母も喜んでくれ、エアコンの稼働やカーテンの開け閉め頻度も増えました。立ち上がって窓際まで移動するのがつらくカーテンを閉めっ放しにしているときもありましたが、それもなくなりました。

寝室のスマートリモコンは、天井照明とエアコンを操作します。真っ暗な室内でリモコンを探すのは結構大変で、夜中にトイレに行くときには真っ暗闇で移動ということもありました。起きたばかりは普段以上に身体が動かしにくく、転倒リスクは高まります。

音声で天井照明をつけられるようになり、そんなリスクも減りました。ベッドから転落して暗闇の中で動けなくなっても、音声操作で照明が操作できれば、部屋を明るくして手でつかめる場所を探せます。

母がエアコンを付けず暑いままの部屋でテレビを見ているときや、寝室で寝てしまっているときには、私が遠隔操作でエアコンをつけることもあります。また猛暑日が続くときには、私がうっかりチェックし忘れても大丈夫なよう、室温が一定以上になったら自動的につける設定にもしています。もちろんどちらも母に内緒でやったら驚かれてしまいますので、熱中症予防のためということで本人の了解を得た上での操作・設定です。

スマートリモコンによって音声操作できる対象は、その部屋にある家電や照明だけではありません。寝室のベッド上からリビングのエアコンをつけて事前に部屋を暖めておくこともできますし、逆もできます。母はリビングでテレビを見ながら眠くなってくると「アレクサ、寝室のエアコンをつけておいて」と指示するようになりました。

「消し忘れ対策」にも有効です。母が一泊二日のショートステイに出かけた後などには、ネットワークカメラで実家の室内を確認し、消し忘れがあればテレビや照明、エアコンなどをスマホアプリから消す操作をします。

「テレビがどうしてもつかない」という電話がかかってくることも度々ありました。たいていはリモコン操作がうまくできないだけだったりするので、その場合も私が遠隔でテレビの電源を入れられます。もっとも母が音声コントロールを使いこなすようになった後は「テレビがつかない」という電話はほとんどなくなりました。

親が入院や施設に入るなどして家が長期空き家状態になったら、空き巣対策として、カーテンの開け閉めや天井照明のオン／オフを定期的に行う自動化設定しておくのもありかなと思います。

既存家電をスマホ操作可能にする「スマートリモコン」の仕組み

最新の家電製品や照明の中には、最初からインターネット経由での操作が可能な高機能製品もあります。ただ築年数も長い実家だと、10 年近く前に買ったテレビやエアコンが今も現役というケースのほうが多いでしょう。天井照明も、最近はリモコン付きのものが増えていますが、数十年前に立てた家だと壁スイッチと「ひも」だけだったりします。

「スマートリモコン」とは、複数の家電製品のリモコンを登録し、スマホアプリから一括で操作できるようにする製品です（専用コントローラーを使う製品もあり）。

これを設置することにより、家の外からもインターネット経由で家電製品を操作したり、スマートスピーカーと連携させての音声で操作したりできるようになります。

仕組みはそれほど難しくはありません。図で説明しましょう。通常、リモコンで家電製品を操作するときに、リモコンのボタンを押しますよね。ボタンを押すとリモコンが赤外線信号を発信します。スマートリモコンの場合、スマホのアプリがリモコンのボタンの替わりとなります。スマホアプリ上で「エアコンを運転開始する」ボタンをタップすると、インターネット経由でスマートリモコンにその指示が送られます。そしてスマートリモコンから、純正リモコンと同じ赤外線の信号が家電製品に向けて発信され、エアコンがその信号を受けて稼働します。

例えば「テレビのボリュームを大きくする」という指示がスマートリモコンに届くと、テレビのリモコンが音量アップする際に発

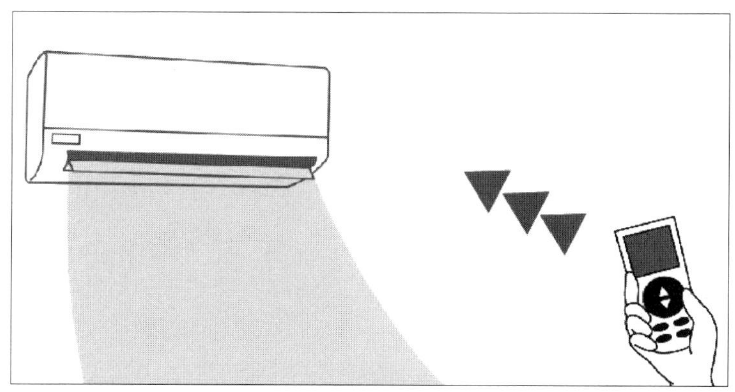

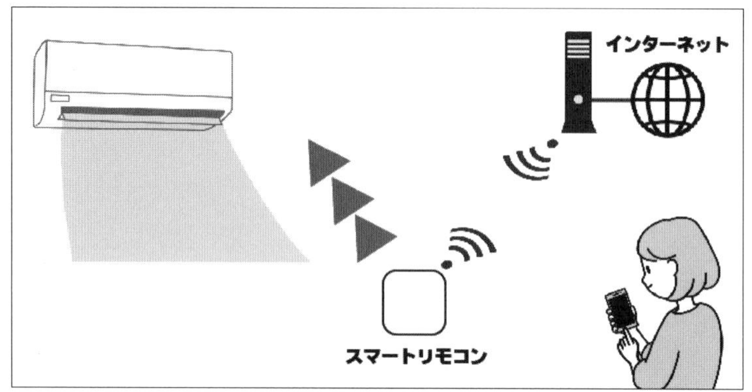

信するのと同じ赤外線信号を発信し、テレビがそれに反応して音を大きくするのです。

人気製品「SwitchBot」「Nature Remo」

スマートリモコンは今、いくつかのメーカーから発売されています。日本国内でユーザー数が多いものとしては「SwitchBot ハブミニ／ハブ 2」「Nature Remo」「LinkJapan eRemote」があります。

これらには、国内で販売されている主要なエアコンやテレビなどの家電製品のほとんどがプリセットされていて簡単に設定できる他、未対応の製品でも赤外線信号の学習機能を使って手動でカスタム登録することができます。他にアイ・オー・データ機器やソニー、パナソニックもスマートリモコンを発売しています。

選ぶ際には、Wi-Fi 接続で遠隔地からの操作が可能かどうか、スマートスピーカーなどと連携させて音声コントロールが可能になるかどうかをチェックしましょう（大半の製品はどちらも可能です）。また条件を設定しての自動化設定も各社のアプリによって異なってきますので、製品レビュー記事などを参考にしてみてください。

スマートリモコンは実家スマートホーム化において核となる存在なので、製品ラインアップが豊富で、同じスマホアプリ上で連携して使いやすいメーカーのものを選ぶことをおススメします。

温湿度センサー装備の上位版を選ぶべき？

スマートリモコン本体に温度計・照度計などが内蔵された上位版もあります。例えばSwitchBotの場合、ベーシックなモデル「SwitchBotハブミニ」の他に2023年3月に発売した温湿度計・照度計内蔵の「SwitchBotハブ2」があります。Nature Remoの「Nature Remo mini 2」「Nature Remo 3」はともに温度センサーを搭載しており、上位版の「Nature Remo 3」には人感センサーも内蔵されています。

スマートリモコンが温湿度計も兼ねていれば、単体で室温に連動させたエアコン自動稼働が可能になるので便利ですが、内蔵されていなくても、連携して使えるスマート温湿度計があれば同じことができます。

むしろ別々のほうがいい場合もあります。スマートリモコンを置きたい場所と温湿度計などを置きたい場所が同じとは限らないからです。例えば、温湿度計は親がいつでもすぐ室温チェックできるようテーブルの目立つ場所に置き、スマートリモコンはエアコンやテレビに向けて赤外線信号を発信するのに適した場所に設置する。その方が使い勝手がいいかもしれません。

人感センサーも、別売り製品を購入したほうが、置き場所の自由度がアップします。逆に寝室などでは、全部内蔵されていて、

1 個だけ設置すれば済むほうが邪魔にならないかもしれません。

3-4 設置も使い方もやってみれば簡単

ポイント

1. スマートリモコンで操作可能なのは、赤外線リモコンで動く家電製品。
2. スマホアプリでスマートリモコンの設定や家電製品の登録を行う。
3. 複数の家や部屋にスマートリモコンを設置するときは、まず場所に名前を付ける。

スマートリモコンに必要な環境

導入にあたってはいくつか条件があります。

1. インターネット環境（Wi-Fi）
2. 赤外線リモコンで操作できる家電製品
3. スマホ（専用アプリをインストール）

スマートリモコンは、Wi-Fi によってインターネットに接続する必要があります。実家にインターネット環境があり、かつ Wi-Fi が使えなくてはいけません。ただ、やりとりするデータ量はとても小さなものなので、それほど高速ネットでなくてもかまいません。

次に、操作したい家電製品に赤外線リモコンがついていることが必須条件となります。ただ赤外線リモコンのない製品でもさまざまな工夫で操作できるようにする製品もあります。私の実家ではリビングの天井照明のスイッチをオン／オフするのに「指ロボット」という物理的にスイッチを押す製品を使っています。こちらは「3-5　スマートスピーカーで『声だけ操作』も可能に」の中で解説します。

主要家電メーカーの大半のリモコンはあらかじめスマホアプリに登録されており、製品―メーカーを選んで後はリモコンのボタンをどれか押せば、対応するリモコンを見つけ登録してくれます。プリセットされていない製品のリモコンでも「カスタマイズ」でリモコンを学習させ登録する機能があります。

設定や操作にはスマホが必要ですが、実家の親がスマホを持っていなくても問題はありません。最初の実家での初期設定だけご自身のスマホを使って行えば、後はスマートスピーカーと連携させて、親には声で操作してもらうこともできますし、離れた場所から遠隔操作ができるようになります。

スマートリモコンを導入した後も、今まで使っていた赤外線リモコンが使えなくなるわけではありません。親には今まで通りリモコンを使ってもらいつつ、プラスアルファで、声での操作や遠隔操作、時間や温度計、人感センサーをトリガーにした自動稼働・停止も使えるようになるというわけです。

アプリで操作したい家電製品を登録

使い方は簡単で、スマートリモコン製品のメーカーが提供しているアプリをインストールしたら、後はその指示にしたがって設定していくだけ。

手順はこんな感じです。

STEP1　アプリをインストール

STEP2　新規会員登録をしてアカウントを作成する

STEP3　スマートリモコンを登録する（Bluetoothで近くにある製品を見つけてくれる）

STEP4　操作したい家電製品のリモコンを使って製品を登録する

スマホ設定画面は「1-3　疑問その1『ド素人の自分がDIYで見守りシステムを作れる』」をご覧ください。

登録したい家電製品によっては、自動認識で一発簡単登録とはいかない場合もあります。そんな場合には、一覧からメーカー名

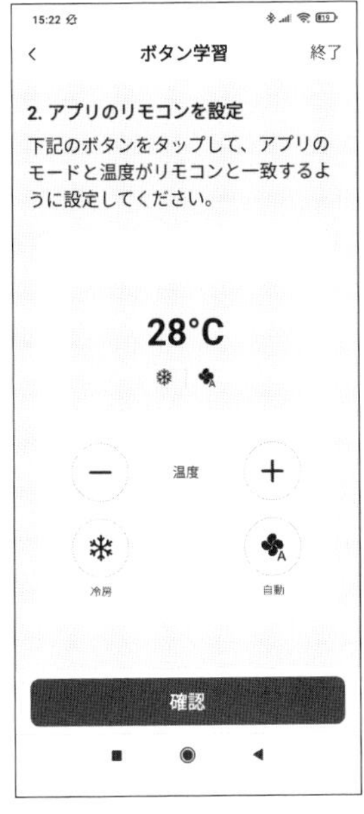

を選択して型番から探す方法や、手動でアプリ上のリモコンボタンに一個ずつ実際のリモコンの機能を手動で登録していく方法が用意されています。

こちらはSwitchBotハブミニの「リモコンのボタン学習」という手動登録の機能の画面です。

ちょっと手間がかかりますが、最初の一回だけで済みます。

遠隔操作で熱中症防止

実際の操作もアプリで簡単です。

SwitchBotアプリを開くと、設置している製品とスマートリモコンに登録している家電製品が並んで表示されます。私は実家に2

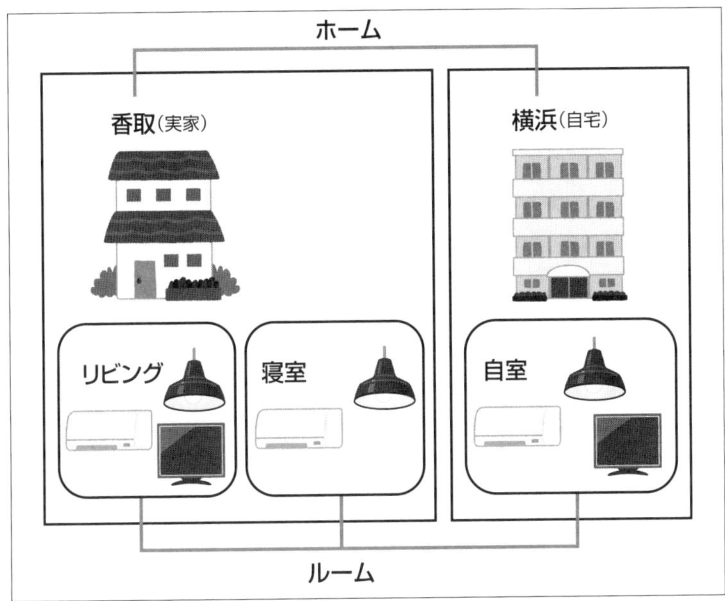

アプリでは「ホーム」と「ルーム」で名前を付けて管理する

個、自分の住んでいるところに1個スマートリモコンを設置しているので、どれを操作すればいいか分からなくならないよう設置場所も設定しています。

図で「ホーム」として設定してあるのが香取（実家）と横浜（自宅）で、それぞれの下に「ルーム」としてリビングや寝室、自室が設定されています。そして各ルームにスマートリモコン1個ずつと、エアコンやテレビなどを登録しています。

なぜ「実家」「自宅」とせず地名で「香取」「横浜」としているかというと、母も自分のスマホでこの画面を見る可能性があるからです。私にとっての実家は母にとっての自宅なので、「実家／自

スマホ上のリモコン画面

宅」では母が自分のスマホで見たときに混乱してしまいます。

メイン設定者は、スマホアプリから他の人を招待することで、スマートリモコンなどを共同利用することができます。自分だけでなく、親や兄弟とも一緒に運用していくことも前提に名前をつけておくといいでしょう。

実家リビングのエアコンを操作したい場合には、「香取」「リビング」を確認した上でエアコンをタップします。するとこんな画面になります。

これがスマホ上のリモコンです。この「ON」「OFF」をタップすればエアコンを稼働開始したり停止したりできます。温度設定もここで変更できます。

通常の赤外線リモコンは、赤外線信号が届く範囲の場所から操作しなくてはいけませんが、スマートリモコンの場合、インターネット経由でスマホアプリからスマートリモコン本体に指示を出すので、遠く離れた場所からでも操作が可能です。

母には「30度越えて、熱中症になる可能性があるときには、私が自分のスマホからエアコンをスタートさせちゃうこともあるからね。急にエアコンが動きだしてもびっくりしないで」と事前に伝えてあります。室温が30度を越えたと通知が来たときには、電話をして「暑くなってきたね、そろそろエアコン付けたほうがいいかも」と、世間話ついでに軽く話しつつ、その後もエアコンをつける様子がない場合には、遠隔操作でエアコンをつけます。

母がエアコンをつけたかどうかは、別途設置したスマート温湿度計のグラフを見れば分かります。

これらを導入する前は、電話で何度も「本当につけた？大丈夫？」としつこく疑って聞いてしまい、母から嫌がられていたので（そして大半のケースで実際につけていない）、私だけでなく母にとっても煩わしさがなくなったんじゃないかなと思います。

スマートスピーカーとの連携でもっと便利に

スマートリモコンを使うなら、ぜひスマートスピーカーも一緒に導入して連携させてほしいところです。実際に体験してみると分かるのですが、「声で操作できる」というのは本当に便利です。特に加齢で足腰が弱ったり、病気やケガで身体が思うように動かなかったり、認知症などの影響でリモコン操作が苦手になってしまったりすると、「声だけで電気やエアコンを付けられる」のが本

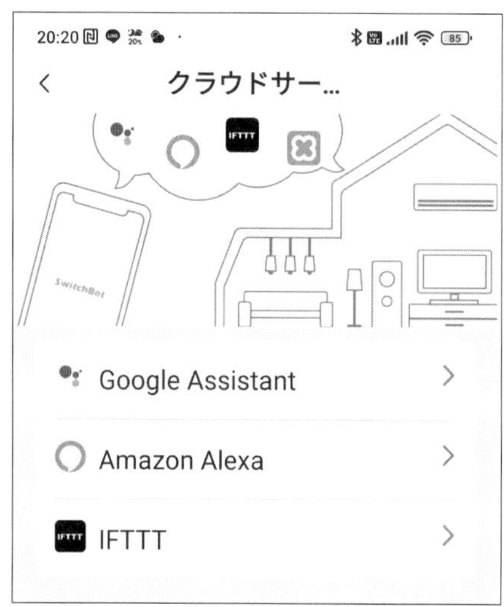

SwitchBotのスマートリモコンアプリでスマートスピーカーと連携設定する画面

当にありがたいものです。

連携も難しいことはありません。アプリ上の操作で一発です。

SwitchBot のスマートリモコンの設定画面です。一度連携させれば、「Alexa」や「Google Home」アプリ側にも、エアコンやテレビが登録され、スマートスピーカーで音声操作できるようになります。

例えばテレビを見ているときに電話がかかってきたら、「アレクサ、テレビを消して」と言うだけ。いちいちリモコンを取り上げて操作しなくていいのでスムーズです。

3-5 「声だけ操作」を可能にするスマートスピーカー

ポイント

1. リモコン操作が難しくなっても、実は音声操作は問題なくできることがある。
2. スマートリモコン＋スマートスピーカーでテレビやエアコンの音声操作が実現する。
3. 高齢者にやさしいシンプルな汎用(はんよう)リモコンも売られている。

少しずつできないことが増えていった母ですが、個人的に一番驚いたのは、今まで何の問題もなく使えていたリモコンの操作に戸惑うようになったことです。

例えば、テレビの黒いリモコンとエアコンの白いエアコンのどちらを手に取るかで、ちょっと戸惑ってしまう。そしてエアコンのリモコンを持った後もそこで動きが止まってしまいます。最初はその様子を見て「温度を何度設定にしようか悩んでいるのかしら？」と思ったのですが、そうではなくどのボタンを押せば自分が今やりたいこと（エアコンの冷房を入れる）が実現するのか、分からなくなっていたのです。

テレビの黒いリモコンをエアコンに向けて押しているときもあれば、大きさも形状も完全に異なる電話機の子機をエアコンに向けていたこともあります。その姿を見たときには正直、ショックを受けました。

認知症で「リモコンが苦手」になる人もいる

決して文字が読めなくなっているわけではないのです。私との会話も今までと同じように普通です。なんなら冗談を言って笑わせてくれることもあります。

「エアコンをつける」「冷房を入れる」という目的を忘れてしまったということでもないようでした。ただ、「どのボタンを押せば、どうなる」という部分が、すぐには分からなくなってしまうようなのです。その後、「こうすればいい」と理解した後も、実際に指に指令がいくのに時間がかかっているのかもしれません。

実際、アルツハイマー型の認知症の人で、リモコン操作に支障が出ているというケースは少なくないようです。「認知症　リモコン」とネット検索すると、そうした事例や研究結果などが多数見つかりますし、ボタンの数を最小限まで減らした「高齢者にやさしいリモコン」も製品化されています。

テレビのエアコンは、さらに多くのボタンがついていて、操作の難易度はあがります。母はよく、「テレビが映らなくなった。次に帰ってきた時にアンテナを見て」と電話をかけてきました。外出できない母にとってテレビは日中の大事な娯楽なので、テレビが映らなかったら暇でどうしようもなくなります。なので私も予定を切り上げて帰省するのですが、単に「衛星デジタル」ボタンを押してしまっているだけということが大半でした（実家は衛星放送の契約をしていないため）。

テレビを見ながらチャンネルを変えようとするのですが、なぜか「1」しか押さないのでNHKしか見られないということもありました。指摘をしても母の自尊心を傷つけるだけなので、一緒にいるときには「他の番組に変えてもいい？」と言ってリモコンを渡してもらい、母が好きそうな番組に変えますが、私がいなければやはりずっと1しか押さないようです。

そうして、好きだったドラマ「相棒」も見なくなってしまいました。

そんな母ですが、スマートリモコンを導入し、スマートスピーカーと連携させて声で操作できるようにしたところ、あっという間にスラスラと使いこなすようになってしまったのです。これには私も驚きました。

リモコン操作が苦手になっただけで、声での操作だったら問題なかったのです。よく「高齢のお母さまがスマートスピーカーの操作をマスターするのは大変だったのでは」という質問を受けますが、少なくとも母の場合、リモコンより音声による操作のほうが楽でストレスもなかったようです。

スマートリモコン+スマートスピーカーで家電操作のハードル解消

スマートスピーカーは、Googleアシスタントなら「OK Google」、Amazonのアレクサなら「アレクサ」という、お決まりの単語を最初につけてから「テレビをつけて」「今日は何日？」など、指示や質問を出す決まりになっています。

これは「ウェイクワード（起動ワード）」と呼ばれるもので、現時点では、AIアシスタントを使う場合には必ず必要となります。

母がこれを覚えるのは大変かなと思ったので、まずはよく使う

机にスマートスピーカーへの指示の方法を貼り付けた

だろう4つほどのフレーズを、養生テープに書いて、いつも座るリビングのテーブルに貼り付けておきました。

文字は問題なく読めるので、見ながら読み上げることはできます。今のAIアシスタントの音声認識は非常に進化していますので、多少滑舌が悪かったり、言い回しが違っていたりしても、エアコンやテレビのオンオフなどはスムーズに理解して実行してくれます。

母も、リモコン操作にストレスを感じていた部分もあるのでしょう。声だけで操作できるようになったことをとても喜んでくれ、すぐ音声操作を愛用するようになりました。

ウェイクワードもいつの間にか覚えていたようです。

一緒に旅行に出掛けた先のホテルの部屋に入った後、私が「エアコンはどこでつけるんだろう？」と言いながらリモコンを探していたら「OK Google、エアコンをつけて」と言って私を驚かせました。

ここにはOK Googleさんはいないよというと、「あら、うちにだっているのに。このホテルは遅れてるわね」と不満げでした。母にとって、いつの間にかスマートスピーカーはあって当然のものになっていたようです。

コマンドフレーズは、一気に教えても本人が混乱するだけだと思ったので、ちょっとずつ増やしていきました。質問すれば何かしらの答えを返してくれるので、母が適当に語り掛けて使い道を増やしていくこともありました。

実をいうと、実家にスマートスピーカーを設置したのはこれが最初ではなく、出始めの頃に安く購入した「Google Home」を、両親に「何でも聞いてみて。答えてくれるから」とプレゼントしたことがあります。天気や時間など面白がってくれましたが、結局その日だけで、翌日からは全く使われることもありませんでした。

今思うと「何でも聞いてみて」がダメだったのでしょう。スマートリモコンと連携させるなど、困っている課題を解決してくれる具体的な使い方を提示する必要があったのだと思います。

そういう意味では、テレビやエアコンをつけられ、日時見当識障害で不安に感じている「今日はいつなのか」「自分の予定はどうなっているのか」をいつでも確認できるというのは、母にとって非常にありがたい機能だったのだと思います。

◇◇

高齢者にやさしいリモコンってどんなもの？

エレコムの「ERC-TV01SBK-MU」。ボタンを減らして誤操作を防いでいる

例えば写真は、エレコムから発売されている汎用リモコンです。パナソニックや日立、ソニーなど主要メーカーのテレビに対応しています。ボタンの数は、一般的な純正リモコンと比べると半分以下で、録画や各種メニューなども省略され、チャンネル切り替えと音量変更に特化したものです。

地デジ・BSなどのボタンもなく、「放送切替」ボタンで切り替えるようになっています。またボタンも押した感触がしっかり伝わる構造になっていて、誤操作しにくい工夫がこらされています。

どこかで同じようなものを使った記憶があるという方は、もしかすると入院経験があるのかもしれません。病室のテレビのリモコンは、こんなすっきりしたものになっていることが多いはずです。

他のメーカーからも同様のシンプルなリモコンが発売されていますので、ちょっとリモコンに苦戦し始めている場合には、まずはこうしたリモコンを導入してみるのもひとつの方法です。

3-6 リモコンがない製品をスマホで操作する方法

ポイント

1. スマートリモコンは「赤外線リモコン」で操作できる家電製品が対象。
2. 天井照明の壁スイッチなどを押してくれる便利な「指ロボット」がある。
3. 指ロボットを活用することで遠隔・音声操作の可能性が広がる。

古い家でスマートリモコンを導入する際に困りがちなのが天井照明です。

エアコンなど、もともとリモコンがついている家電であれば、スマートリモコン導入によって音声操作や、インターネット経由での遠隔操作は容易に実現できるのですが、古い家だと、天井照明にはリモコンがなく、壁スイッチと照明器具から伸びている「ひも」のみというところも多いのです。

私の実家のリビングもそうでした。

照明器具自体をリモコン付きのものに取り換える、蛍光灯をリモコン付きに変えるという選択肢もあったのですが、40年前に家を建てた時からずっと使っていて親も愛着を感じていましたし、丸形蛍光灯５灯が必要な照明器具だったので、全部をリモコン付

壁スイッチに取り付けた指ロボット「SwitchBotボット」

き蛍光灯に変えるのはコスト面でも現実的ではありません。

そこでこんな指ロボット「SwitchBot ボット」を、壁スイッチに貼り付けました。スマホアプリから「オン」の指示をすると、この小さな本体から短いアームが飛び出し、壁スイッチを物理的に押してくれるのです。

壁スイッチは電気をつけるときと消すときと、違う側を押すようになっていますが、指ロボットは 1 箇所しか押せません。その代わりに同こんされているピアノ線とシールをスイッチの片側に貼り付けてアームに取り付けると、押す代わりにスイッチを引き上げる動作ができるので、電気を消せるようになります。

これによって、天井照明もアレクサに声でお願いするだけで、つけたり消したりできるようになりました。

「別に電気くらい、立ち上がってつけにいくよ」と言っていた母ですが、実際に導入したら思いのほか便利だったようで、フル活用しています。夕方暗くなった頃にソファに座ったままつけるのはもちろんのこと、夜、他の部屋から真っ暗なリビングに入っていく前にもアレクサに声をかけています。

母は足を引きずっているため、つまずいて転びやすいのですが、身体の不自由さもあり、いつも座っているソファまわりの床上にはいろいろなものが散乱しています。部屋が暗いと足元も見えません。何かに足をひっかけてしまったり、けがの危険性があるものを踏んでしまったりすることもあるでしょう。

先に部屋を明るくしておくことで、転倒・けがのリスクを下げることができます。

リモコンがない天井照明をスマートリモコンで操作する方法はいくつかあります。

1. 電球・蛍光灯をリモコン付きのものに変える
2. 照明器具と天井の間にリモコン受信アダプターを挿入する
3. 壁のスイッチを IoT の製品に交換する（電気工事士による工事が必要）
4. 壁スイッチに「SwitcBot ボット」を取り付ける

簡単なのは、照明器具をリモコン付きのものに変更する方法です。ホームセンターや家電量販店などではアイリスオーヤマ製のものをよく見かけます。Amazon や楽天市場などを見ると、電球・蛍光灯ともにさまざまなサイズ・形の製品が売られています。今はLEDの電球や蛍光灯を使って明るさや色合いをリモコンで調整できる製品も数多く出ています。

リモコンで操作できるようにすれば、SwitchBotミニハブを介して遠隔操作・音声操作もできます。

電球の中には、Bluetoothを内蔵しておりAmazon Echo製品とつなげて「アレクサ、電気をつけて」と音声操作できる「スマート電球」もあります。

どちらも、リモコン機能のない電球や蛍光灯と比べると高くなりますが、LED電球は寿命が長く、4万～5万時間と言われています。4万時間とすると、1日5時間ずつ利用したとして20年もつ計算です。古い家なら、先に建物の寿命がきてしまうかもしれ

天井照明にリモコン機能を付けるアダプター

ません。「今の電球が切れたらLEDに変えよう」ではなく、なるべく早く交換してしまうのがいいと思います。年を重ねれば、電球交換も大仕事になってしまいますので。

照明器具も電球もそのままで、写真のようなアダプターを取り付けるという方法もあります。

これは、天井の引っ掛けシーリングと照明器具の間に取り付けることで、照明をリモコンでオン／オフできるようにするというもの。

部屋の照明器具には、いくつかのタイプがありますが、つり下げタイプの照明器具は、はめ込んで少し回転させて固定し同時に電気も通す引っ掛けシーリングという配線器具を使うのが一般的です。それ用のアダプターなので多くの天井照明に付けられます。

素人でも簡単に取り付けできます。私も実家2階の寝室にこれを設置しました。

ただこれだと、オン／オフはリモコンで操作できますが、調光・調色はできません。照明器具にあうリモコン付きの電球・蛍光灯があるのなら、そちらを変えてしまうほうが使い勝手はいいかもしれません。

岩崎電気からはIoTスマートスイッチ「Link-S²（リンク エスツー）」というユニークな製品も出ています[*1]。壁スイッチを交換することで、天井照明をスマホアプリからも操作できるようにするというものです。

---

*1　岩崎電気「IoTスマートスイッチ Link-S²（リンク エスツー）」
https://www.iwasaki.co.jp/lighting/control/link-s2/

ただ壁スイッチの交換には、電気工事士の資格が必要で、工事を依頼しないといけません。工事と商品価格と合わせたら照明を交換するよりもだいぶ高くなってしまいます。

そして私の実家で導入した方法が、物理的にボタンを押してくれる「SwitchBot ボット」です。

実はこれは SwitchBot 社が最初に世に送り出した製品なのです。「SwitchBot」という社名は、「指のかわりにスイッチを押してくれるロボット」で、元々はこの製品の名前だったそうです。

公式サイトでは、いろいろな活用事例が紹介されています。リモコンがない昔ながらの天井照明はじめ、お風呂の自動給湯ボタン、コーヒーメーカー、マンション建物自動扉の解錠ボタンなど。

指先でつまめるミニサイズなので、壁スイッチの脇に貼り付けてもさほど邪魔にはなりません。

スマホと直接 Bluetooth 接続して使うこともできますが、SwitchBot ハブミニやスマートスピーカーを組み合わせれば、いちいちスマホから操作しなくても「電気を消して」「お風呂をいれて」など声だけでボタンを押してくれるようになります。お風呂の湯船の栓を事前に閉めておけば、帰宅時間に合わせてお風呂にお湯を張っておき、帰宅したらすぐお風呂ということもできます。寒い冬の時期などうれしいですよね。

入浴介助のヘルパーさんを頼んでいる方なら、その時間に合わせてお湯を入れることができれば効率もいいですよね。この指ロボットがあれば、それも遠隔で操作できます。

試しに一個入手して、まずは自宅のどこかで使ってみてください。きっといろいろ新しいアイデアが湧いてくると思います。

3-7 スマート温湿度計で室温チェック

ポイント

1. 室温計を置くだけでは熱中症は防げない。
2. スマート温湿度計があればインターネット経由で離れた場所の室温をチェックできる。
3. アラート機能を活用して一定以上の室温でスマホに通知が届くようにする。

離れた場所から室温チェックできる仕組みが必要

１人暮らしの高齢者の熱中症予防策として、目につく場所に室温計を置いておくことが推奨されています。確かにそれを見て室温が 30 度台になっていれば、たとえ暑さを感じていなくてもエアコンをつけようと思ってくれるかもしれません。

ただそれも、本人の認知力・判断力がちゃんとしていることが前提になります。私の母は、暑さを感じなくなってから、いつも座っている場所の目の前に室温計を置いていても、一切それを見ようとしませんでした。暑さを感じていないのだから仕方のない話です。

遠隔で第三者が室温をチェックし、電話でエアコンをつけるよう促すなり、エアコン自体を遠隔操作するなりしなければ、「暑さを感じない」１人暮らしの高齢者の熱中症を防ぐことはできません。

高齢者の見守りというと、転倒防止や食事、服薬管理などがメインと思われがちですが、これだけ猛暑の夏が繰り返されると、「室温管理」も重要な項目になってきます。

親がいる場所の室温をリアルタイムに把握する

そこで役に立つのが、遠隔地からもスマホで室温チェックできるスマート温湿度計です。私の実家では、リビングと寝室にSwitchBot 温湿度計を 1 個ずつ導入しています。

見た目は普通の温湿度計ですが、タダものではありません。同じシリーズの SwitchBot ハブミニと組み合わせれば、遠隔での室温チェックはもちろんのこと、Alexa などスマートスピーカーと連

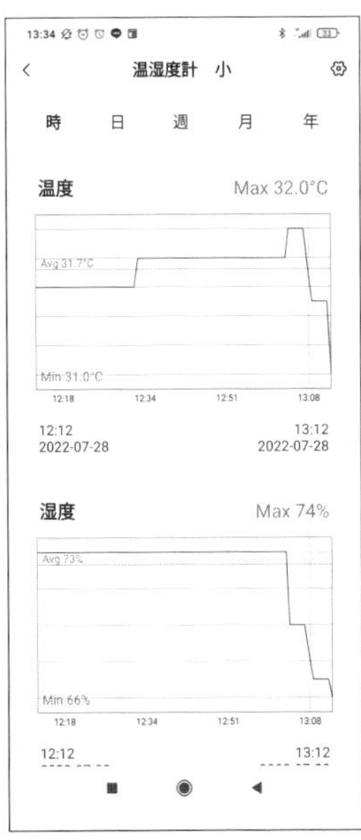

携させて音声での室温確認もできます。また室温が一定を越えたらエアコンをつけたりスマホアプリに通知を出したりすることも可能です。

このように室温推移をグラフで表示することもできます。訪問ヘルパーから母が発熱しているという連絡を受けても、このデータを確認して、熱中症の可能性がないかどうかを探ることもできます。

便利なのが「アラート設定」です。室温が一定以上あるいは一定以下になったら、スマホに通知を出すというものです。例えば下限を 10 度、上限を 28 度などとし、その範囲を下回るか超過している時には通知が出るように設定できます。

真夏の本当に暑いときなどは、見守る人がうっかり確認漏れして室内の温度が高いままになってしまったら大変です。それを防止するには、人が見落としてもシステムがちゃんと警告や対処してくれる「自動化」をしておくことが肝心です。

3-8 本人も家族も楽にする見守りの肝「自動化」

☞ポイント

1.「自動化」をうまく活用することで親子双方のストレスを減らすことができる。
2. スマホアプリを活用した自動化設定にはいろいろな方法がある。
3. なんでもかんでも自動化すると逆に親を危険にさらすので注意が必要。

「気を付けてよ」「ちゃんとして」と親を追い詰めない方法を考える

毎日繰り返し自然にやってきたことでも、年齢を重ねるにつれ難しくなります。身体の衰えに加え、記憶力や判断力なども落ちてしまうからです。

母を見ていても、本人が誰よりももどかしく、そしてつらく感じているのが分かります。

「お母さん、寝るならリビングのエアコンを消さなくちゃ」

「また窓のカギ開けっ放しになってたよ」

つい責めるような口調で言ってしまいがちですが、それを「不注意」「ミス」と捉えて注意を促してもいい結果は生まれません。親にしてみれば、それでなくてもできないことが増えてもどかしさを感じているのに、子供からそれをいちいち指摘されれば情けなさでいっぱいになってしまいます。子供側だって「何度も言っているのに」といらだちを募らせてしまい、結果、双方ともに無駄なストレスを抱えて関係を悪化させてしまうだけです。

少し前に「親をコントロールしようとするのではなく、エアコンを遠隔コントロールする方法を考える」と書きましたが、エアコンでなくても一緒です。親に注意を促しても難しいことは、人の記憶力や判断力に頼らなくてもいい方法を考えるのです。それが「自動化」です。

毎日繰り返す作業はどんどん自動化しよう

例えばエアコンであれば、部屋に人感センサーを取り付け、30分以上動きがなかったら「エアコンを消す」という設定にしておくことができます。また熱中症予防のため「暑い日はちゃんとエアコンをつけて」と口うるさく言ってしまいがちですが、これもスマート温湿度計の室温をトリガーとしてエアコンを自動稼働させる設定にすれば解決します。

次の第４話で紹介しますが、薬の飲み忘れが多発するなら、スマートスピーカーから「お薬を飲む時間になりました」と声で知らせるよう設定することで、少し飲み忘れが減るかもしれません。同じリマインドでも、家族に言われるより機器からの自動声がけのほうが「飲み忘れを責められている」感が減ります。

「見守り」そのものも、可能なところは自動化して、何か起こったときに受け身でも気付くような工夫をしたほうがいいでしょう。例えばスマート温湿度計の活用法を紹介しましたが、アラート設定をしておけば、室温が一定以上になったときにプッシュ通知が届くようにできます。

忙しいときなど、つい親に電話をしそびれてしまったり、ネットワークカメラや室温の確認が漏れてしまったりするものです。そしてなぜだか、そんなときに限って大きなアクシデントが起きてしまい、後で「いつもはちゃんと確認していたのに、なぜたまたま忘れたときに限って……」と後悔するものなのです。

そうではなく、人感センサーや温湿度計から自動で通知が来る設定にしておけば、受け身でも情報が入ってきます。見守る側の心理的負担もぐっと減るはずです。

自動化は「トリガー」と「アクション」の組み合わせ

自動化とは、一定条件を満たしたとき、人が操作をしなくても自動的にあらかじめ設定されていた動作が実行されることです。

例えばこんな例があります。

「毎日朝 7 時になったらカーテンを全開にする」

「室温が 26 度を超えたらエアコンの冷房を ON にする」

「玄関に誰かが近づいたら LINE で家族のグループに通知を送る」

「30 分間無人だったらその部屋のエアコンと空気清浄機とテレビを消す」

このうち、「毎日朝 7 時になったら」「室温が 26 度を超えたら」といった部分が「もし○○だったら」という条件で、「トリガー（引き金）」とも呼ばれます。そしてその条件を満たしたときに実行されることを「アクション」などと呼びます。自動化はこのトリガーとアクションの組み合わせを設定することです。

といっても、何も難しいプログラミングをするわけではありません。

スマホアプリの設定画面で、「どんな時・場合に＜＝トリガー・

条件＞」「どうする＜＝アクション＞」という組み合わせを選んで設定するだけです。スマホアプリ操作ができれば、誰でも簡単にできます。

実際のスマホアプリ画面で見ていきましょう。

SwitchBotアプリの「シーン」設定で自動化

SwitchBot アプリでの自動化設定には「シーン」という機能を使います。新たに「シーン」を作成するには、画面右上の「＋」をタップして「シーンを追加」を選択します。

初期段階では何も設定されていないので、「手動実行　×」の「×」

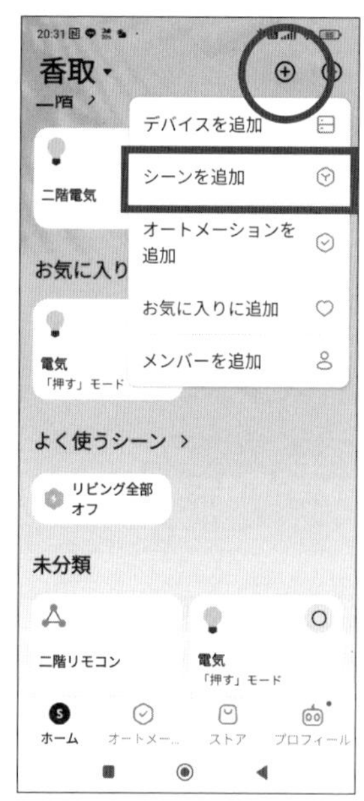

SwitchBotアプリの自動化設定

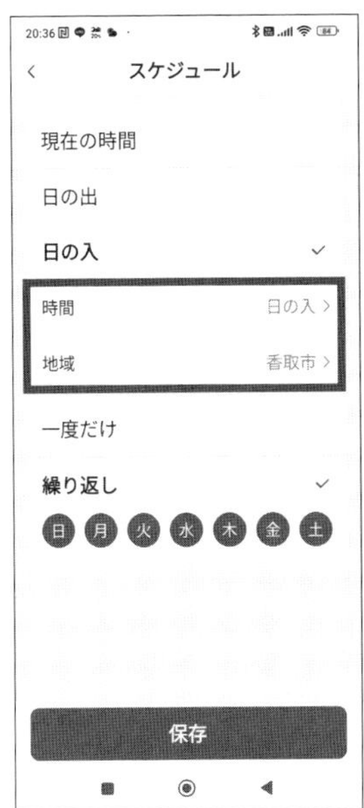

自動化処理の起動スケジュール設定

をタップして、その後に表示される「条件を追加」をタップします。

すると条件として設定できる項目がずらり並んでいます。今回は毎日夕方にカーテンを自動で閉める設定にしたいので、「一般設定」の「スケジュール」を選び、時間を「日の入」「香取市」とします。また毎日なので「繰り返し」にチェックを入れ、全部の曜日が選択されていることを確認します。土日は実行しないのであれば、そこをタップし、選択から外します。

次にアクションの設定です。「アクションを追加」をタップして、一覧の中からアクションを追加します。ここに並んでいるのは、SwitchBot アプリに登録済みの他の SwitchBot 製品、そして

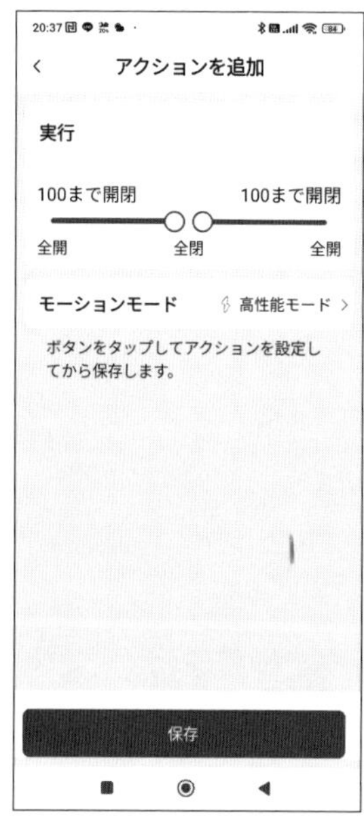

SwitchBotカーテンのアクション設定

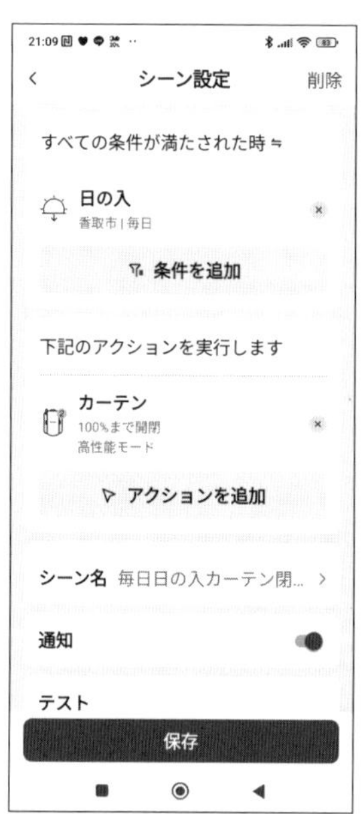

日の入りでカーテンを閉じるシーン設定

SwitchBot ハブミニに登録している家電製品や照明などです。今回はこの中から SwitchBot カーテンを選びます。

そして SwitchBot カーテンの詳細の「全開———全閉」スライドで「全閉」に○を動かします。これで100％閉めるというアクションを設定できたので、下の「保存」をタップします。

これで「条件：毎日日の入になったら」「アクション：100％まで開閉（＝全閉）」というシーンの作成ができました。シーン名も設定できるので「毎日日の入カーテン閉める」など分かりやすい名前を付けたら、画面下部の「作成」をタップして完成です。

今回は「条件 1 つ→アクション 1 つ」というシンプルなもので

すが、条件やアクションを２つ以上にし、かつ条件とは別に日時設定をすることもできます。

例えばこんな設定です。

＜条件＞温度 30 度以上／動体検出あり

＜アクション＞冷房をオンにする（風量自動・28 度設定）

＜日時設定＞毎日繰り返し／ 10:00 ～ 18:00

条件部分は、「すべての条件が満たされたとき」（AND 条件）、「いずれかの条件が満たされたとき」（OR 条件）のどちらかを選択できます。

AIアシスタントのアプリで自動化を設定

「Google Home」や「Alexa」など、AI アシスタントのスマホアプリで自動化を設定することもできます。先ほどの SwitchBot アプリの「シーン」では、SwitchBot 製品や、スマートリモコン「SwitchBot ハブミニ」に登録したエアコンやテレビだけが操作対象となりますが、AI アシスタントのスマホアプリでの自動化設定なら、連携している複数のメーカーのアイテムを対象にできます。

具体的な設定方法は次の章で紹介しますが、Google Home の場合は「ルーティン」で、Alexa の場合には「定型アクション」で設定を行います。

私の実家では、母が朝方目を覚まし「アレクサ、おはよう」と言えば、冬の寒い時期にはそれをトリガーにリビングの天井照明をつけ、エアコンの暖房をオンにする設定を組み込んでいます。

そうすれば、ベッドから起き上がって、途中で洗面所によってうがいをしてリビングに着く頃には、部屋はある程度暖まった状態になっていますし、日の出が遅い冬の早朝でも部屋は明るくなっています。

身体がこわばりがちな冬は転倒の危険も増しますが、こうしておくことで多少は転倒リスクを下げることもできるのではと思いますし、いちいち母が「リビングのエアコンをつけておいて」と言わなくてもよくなります。

◇◇◇

ちょっと高度なIFTTTを使った自動化

せっかくなので、「IFTTT（イフト）」というちょっと変わった名前のWebサービスを活用した自動化の方法もご紹介しましょう。これはやや高度な技になるのですが、スマートリモコンやスマートスピーカーのアプリだけでは難しい自動化を実現してくれます。

IFTTT（イフト）は、「IF（もし）This（これなら）Then（そのときは）That（ああする）」の略。さまざまなモノやサービスを連携させ、ルーティン作業を自動化する便利なサービスです。制限はありますが、無料でも利用できます。

▶ IFTTT（イフト）公式サイト
https://ifttt.com/

「IF This」が条件で「トリガー」と呼ばれる部分、次の「Then That」が実行したいことになり「アクション」と呼ばれます。この「トリガー」と「アクション」は必ずセットで設定する必要があり、そのセットを「アプレット」と呼びます。

IFTTTは、1アカウントあたり2アプレットまで無料利用することができ、それ以上使いたい場合には有料版のプロアカウントが必要です。

実家見守りでは、SwitchBotやAIアシスタントのアプリではできない「LINEとの連携」などに使えます。

例えば、玄関のドアが開いてSwitchBot開閉センサーが反応したら、LINEグループに通知が届くようにする、などが可能です。SwitchBotアプリだけでも「開閉したら通知」という設定はできますが、複数の人で見守ろうと思うと、すべての人がSwitchBotアプリをインストールしなくてはいけなくなります。LINEグループへの通知なら、必要な人のLINEアカウントだけでグループを作ればいいので簡単です。

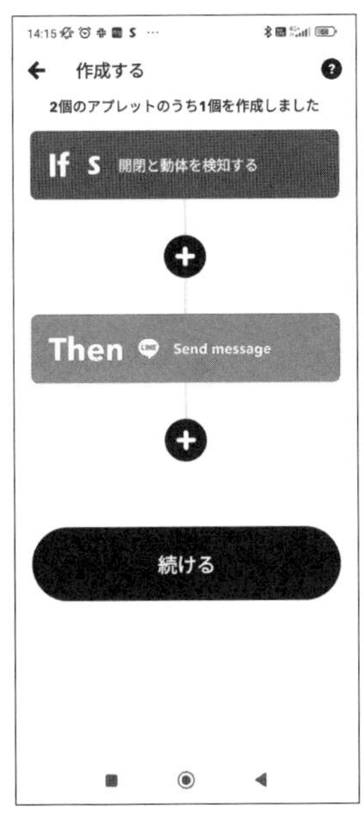

設定はそれほど難しくはありません。

まずはスマホアプリ「IFTTT（イフト）」をインストールして、新規アカウントを作成します。その後の画面で「作成する」を押すと早速アプレットの設定作業に入ります。

設定の最初は「どんなとき」という前提条件となるトリガーです。「If This（追加する）」をタップして、前提条件であるトリガーを設定します。

すると、さまざまなアイコンが並ぶ画面が開きます。音楽配信のSpotifyやランニング・サイクリングGPSトラッキングのStravaなど、世界的にメジャーなWebサービスのロゴが並んでいます。これらが連携させることのできるサービスです。「SwitchBot」アイコンを探してタップします。

SwitchBotアプリやGoogle

今回は開閉センサーをトリガーにしたいので、「開閉と動体を検知する」をタップします。

ここでSwitchBotアカウントとの連携のための画面になるので、「接続する」をタップして一度SwitchBotのサイト上でユーザー名とパスワードを入力してサインインします。これでIFTTTとSwitchBotのアカウントが連携されます。

続いてトリガーの詳細設定です。

「デバイスを選択」で「開閉センサー D0」を、「開閉と動体を検知する」で「開けた」を選択します。今回は動体が検知されない時間の設定は行わず、照度も特にトリガーには含めません。

これで「続ける」をタップすると「IF」で始まるトリガー設定は完了です。

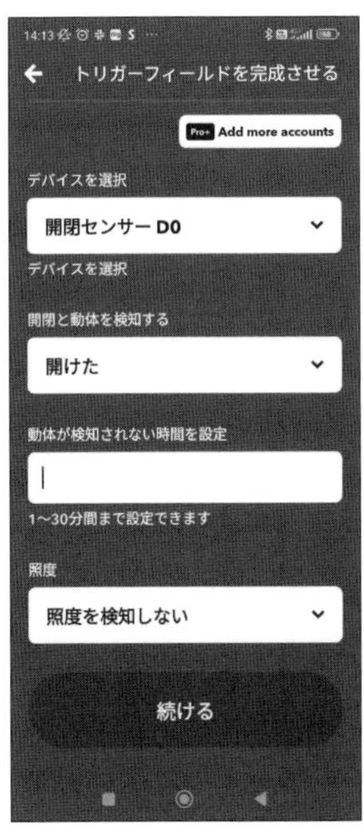

最初の画面に戻りますので、今後は次の「Then That（追加する）」をタップ。ドアが開いたら実行してほしいアクションを設定しましょう。選ぶのはLINEアイコンです。

LINE通知をアクションに設定したいので「Send message」をタップし、先ほどと同じように、連携したいアカウントでログインをします。この際、同意して連携すると、LINE公式アカウント「LINE Notify」が友だちに追加されます。「Recipient」で通知の宛先を指定します。

通知の受け取りが自分だけでいいなら「1：1でLINE Notifyから通知を受け取る」を選択。所属しているグループにメッセージを送ることもできるので、例えば家族で同時に受信したいなら、家族用のグループを作って宛先に設定します。その下の「Message」欄で、受信した

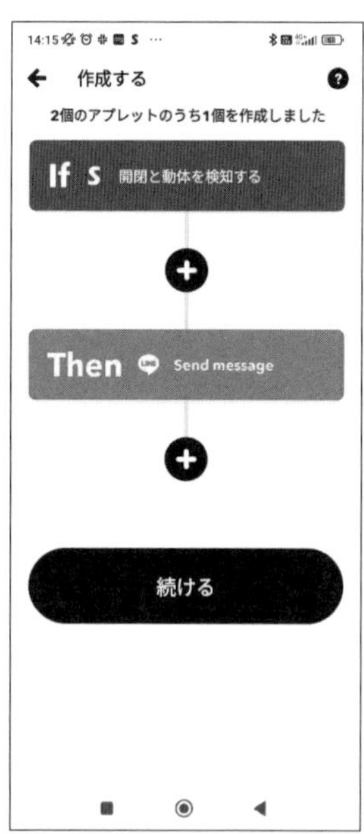

いメッセージを設定します。定形パターンの他、「実家の玄関ドアが開きました」など好きな文章にすることができます。

実際に意図した通りに動くかどうか、SwitchBot開閉センサーを取り付けた玄関ドアを開けると、「SwitchBot開閉センサー」のランプが点灯して、センサーが反応したことが分かります。

この情報が「SwitchBotハブミニ」を介してインターネット上に流れ、IFTTT→LINEと連携して、LINEメッセージも無事届きました。これで実家の玄関ドアの開け閉めが行われるたび、手元のスマホにLINE通知が入ります。

◇◇◇

自動化すると実家の見守りは心理的にも楽になる

いずれさらにAIが進化すれば、いちいち設定などしなくても、住んでいる人の状態や好み、シチュエーションなどによって最適な環境を、家電製品や住宅設備が勝手に学習し、自動的に整えてくれる日がくるでしょう。カギをいちいち締めなくても居住者を判別して開け閉めしてくれ、帰宅したら家の中が蒸し暑くなっていたなんてこともなくなるでしょう。その人がその時間帯に聴きたいだろう音楽を自動的に再生してくれるかもしれません。既に最先端の設備が入ったスマートホームでは、ある程度それが実現しています。

今はまだ過渡期なので、自動化には少々手間もかかりますし、頭も使いますが、一度やってしまえば、ルーティン作業はお任せできるのでラクチンになります。特に認知症が始まっている高齢者にとっては、大きなメリットがあると思います。

こうした取り組みを始めてよかったなと思うのは、私自身の気持ちに変化が現れたことです。母の認知症が進行して「このままじゃ危ない」と感じる事態に直面したとき、以前であれば憂鬱な気持ちになり、母に対して余計な言葉を投げかけてしまうことも多かったです。スマホ見守り体制がある程度整った後は、「一体どう自動化したらこの課題を解決できるだろう」「この状況を改善してくれるいいアイテムはないだろうか」と、前向きに考えられるようになっています。自動化を考えるのは意外に楽しいものです。うまい設定が思いつけば自分を褒めてあげたくもなります。

また「自分が親をしっかり見守らなくては」と気合を入れ過ぎた結果、気持ちだけが空回りして親とぶつかってしまうこともあると思います。それで親に過剰なストレスを与えて、うつ状況にさせてしまったり、さらに認知症の症状を重くしてしまったりするのでは本末転倒です。

自分が頑張りすぎなくてもいいようにすることで心の余裕が生まれ、それが親との関係を改善することもあると思います。

自動化には想定外のトラブルも

自動化の設定は難しくなく、スマホアプリ操作で簡単にできます。

最初のころはつい、いろいろなことを自動化したい気持ちになりますが、一方であまり安易に設定してしまうと、意図しない落とし穴で親にかえって不便な思いをさせたり、危険な状態に追い込んでしまったりすることもあります。

自分が同じ場所に住んでいればすぐに気付いて直せますが、帰省時に設定した自動化が自分の不在時に想定外のトラブルを引き起こしてしまうこともあります。

ではどういった「想定外のトラブル」があるのでしょう。

夜中に親を締め出してしまうスマートロック

「お母さん､夜はちゃんと玄関のカギを確認しなきゃ。また開けっ放しだよ」

「あら、閉めたはずなのに」

きっと全国いたるところで日々交わされている会話でしょう。

スマートロックを導入すると、まずはこの「カギ開けっ放し」問題を解決したくなり、こんな自動化を設定するかもしれません。

<条件>毎晩 21 時
<アクション>玄関のカギを閉める

例えば私の母は、足も悪いのでデイサービスやリハビリで迎えが来たとき以外、ひとりで玄関から外に出ることはありません。そして夜 19 時にはもう寝てしまいます。

だから 21 時時点でもしカギが開いていたらそれは単なる閉め忘れの可能性が大です。

「よし、治安も悪くなっているし、せっかくスマートロックつけたんだから自動で戸締まりしよう」と考えるかもしれませんが、本当に 100%、21 時に母が外にいることがないと言えるでしょうか。

私の実家には猫がいます。ごくまれに母がガラス戸を開けた瞬間に外に走り出てしまうことがあります。通常なら夕方までには戻ってきますが、日没後も戻らないと母は「車にひかれたのでは」と心配でたまらなくなり、暗い庭に懐中電灯も持たず寝間着のまま探しにいってしまうことがあります。まあ年に数度あるかどうかですが。

でももしそれが20時55分の出来事だとしたらどうなるでしょう。

カギもスマホも持たない母が、21時の自動施錠で家から閉め出されてしまいます。カギが開かずにパニックになってしまい、どこか入れる場所がないか必死に家の周りを探し、真っ暗な裏庭で転倒してしまう可能性もあります。真冬だったら、そのまま凍死しかねません。

人感センサーだけに頼るのも危険

「人感センサーが30分間人の動きを感知しなかったらエアコンを消す」という自動化の設定を紹介しましたが、これも真夏にやってしまうと危険です。リビングで昼寝をしている間にエアコンが切れてしまうかもしれませんし、何らかの理由で床にうずくまり動けなくなっているのかもしれません。真夏日にエアコンが止まってしまったら命にかかわります。

エアコンの自動化は「オン」だけにするか、自動で消す場合には時間帯や室温なども組み合わせたトリガーにするなどの安全策を考えるのがいいかと思います。

スマートプラグは発熱する家電製品に使ってはいけない

スマートプラグを使って、電気ストーブやこたつの付けっ放しを防ごうと自動化を設定する人もいるでしょう。親が就寝する夜20時を過ぎたら、電気ストーブとこたつを接続している電源タップをスマートプラグでオフにするという設定です。そして翌朝8時になったらまたオンにするという設定です。

確かに20時にはもう寝てしまっているかもしれませんが、体調が悪くて日中寝ている時間が長かった日には、夜中に起き出してしまって電気ストーブをつけようとするかもしれません。スマートプラグで大元を切ってしまっていると、いくら電気ストーブのスイッチを入れようとしても電気は通じません。スマートプラグのせいだとは気が付かずに困惑してしまうでしょう。

さらに危険なのは、翌朝８時の「オン」にする自動化設定です。

朝、消えている電気ストーブを目にした親は、座布団をその前に立てかけてしまうかもしれません。そして８時になってスマートプラグが自動でオンになり、電気ストーブが発熱開始したら――とても危険ですよね。

そもそもスマートプラグの注意事項には、電気ストーブなど発熱する製品には利用しないでくださいと書いてあるのが普通です。その理由は恐らく、こうした火災リスクを想定しているからだと思います。

自動で「カギを閉める」「プラグ部分で電気を遮断する」ではなく、夜になってももしカギが開いたままだったら、スマホに通知が来るという設定がいいかもしれません。そこを自動化した上で、ネットワークカメラで親が間違いなく家の中にいることを確認したら、スマートロックの遠隔操作で都度カギをかける。こうした「自動通知＋確認＋遠隔操作」なら万が一にも締め出してしまう事故は防げます。

第4話

「アレクサ、今日の予定を教えてくれる？」

「うちの親はインターネットとか無理」と思い込んでいませんか？　確かに高齢になってからパソコンやスマホを始めるのは大変かもしれません。でも今や「AI」の時代。スマートスピーカーなら話しかけるだけで誰でも簡単に「インターネット」の恩恵が受けられます。

第4話
「え、今日って通院日じゃないの？」
おかあさん
着信
定期検診は
来週ね
その前の日に
私も行くから
おかあさん
着信
明日じゃないの
来週。
そうそう、
ちゃんと帰るから
大丈夫
おかあさん
着信
だーかーら！
何回も同じこと
言わせないでよ
ふぅ…

おばあちゃんの
通院付き添い？
そう。予約は来週
なんだけど先週から
何度も「明日病院
なのになんでまだ
帰ってこないの」
って
通院日を
勘違いしちゃってる
のかなあ
通院日は
カレンダーに書き込んで
あるんだけど
木曜？
10日
あれ？
じゅうななっ？
今日が何日とか何曜日とかを
完全に間違えて覚えちゃってるの
認知症の初期症状で
そういうのが
あるみたい
……
そうだ、
AIアシスタントだ！

注：実際のアレクサ（Amazon Echo Dot）には顔はありません。

ただいまの時刻は8時10分です
今日はデイサービスの日です
あと30分くらいでお迎えが来るので
出発の準備をしましょう
はいはい
わかりました
あれ？
そういえば次の病院
っていつだったかしら？
えーっとそんなときは
なんて聞くんだっけ？
アレクサへの言い方は
全部ここに書いて
おいたから、
分かんなくなったら
みてね！
アレクサ、エアコンつけて
アレクサ、テレビつけて
アレクサ、病院はいつ？
アレクサ、今週の予定は？
アレクサ、今月の予定は？
アレクサ、電気けして
アレクサ、
今週の予定は？
今週は明日以降、2件の予定が
あります　1件目は明日23日の
リハビリセンターです
2件目は24日の総合病院です

2月
22日　デイサービス
23日　リハビリセンター
24日　総合病院
はいはい、
さて、と
よいしょっと
いつでもどうぞ！
アレクサ、
いつもありがとね

4-1　5人に1人が認知症になる時代

ポイント

1. 寿命の伸びにつれ、認知症になる人の数も多くなっている。
2. 認知症初期の不便さ・不自由さをスマートスピーカーが解決してくれる。
3. スマートスピーカーなら、音声操作や自動化などで高齢者にも無理なく活用してもらえる。

人生100年時代

「人生 100 年」——そんな言葉をよく耳にするようになりました。

もちろん、長寿国と言われる日本でもまだ、平均寿命は男女ともに 80 歳台で 100 歳には届いていません。この「人生 100 年時代」とは、英国の経営学者であるリンダ・グラットン教授がその著書『LIFE SHIFT（ライフ・シフト）』の中で提唱した概念です。医療の進化などによって寿命はこの後も伸び、先進国では 2007 年生まれの人の約半分が 100 歳以上まで生きると予測されています。それを前提にした人生設計が必要と呼びかけているのです。

100 歳まで生きるのはなかなか長いですよね。老後の生活に必要なお金も増えますし、そもそも「老後」の定義自体も変わってきます。マイホームの寿命だって伸ばさなくてはいけません。人生の持ち時間が伸びるのは単純に考えればうれしいことなのですが、実際には課題もいろいろあります。

とりわけ気がかりなのは健康面でしょう。人生が伸びてもその分、病に苦しむ時間が長くなるだけというだったら勘弁してほしいと思ってしまいます。そして結構厄介なのが「認知症」です。

認知症はだれにとってもひとごとではない

2025年には認知症患者が700万人を突破し、65歳以上の5人に1人になるという推計も出ています。軽度認知症も含めると実に3人に1人。決してひとごとではない数字です。自分自身がならなかったとしても、実親や義理の両親、さらに伴侶や兄弟姉妹も含めた家族・身内の中の誰か一人以上は発症する確率のほうが高いわけです。

そして認知症は、ある日突然、家族の顔も分からない状態になってしまうわけではありません。長い時間をかけ症状が進行するもので、じわじわと認知機能が衰え、少し前までできていたことができなくなっていきます。

例えば私の母の場合、数少ない趣味で10代の頃からずっと続けていたという編み物が、だんだんとできなくなっていきました。その楽しみがなくなってしまったら、歩行に支障があり一人では外出もできない母にとって、日中テレビを見ること以外にやることがなくなってしまいます。本人も続けようと頑張っていましたし、私もなんとか続けられないかと「大丈夫だよ、きれいに編めているよ！」と一生懸命ほめていたのですが、残念ながら心折れてやめてしまいました。母にとっても非常にショックなことだったようで、毛糸を処分し始めてからの活力の低下は著しいものがありました。

認知症でどんな症状が出て、どう進行するかは人によってさまざまなようです。母の場合、日にちや曜日の感覚が失われたり、リモコンやスマホ操作がおぼつかなくなったりということから始まり、食事をしようとキッチンに向かっても、いざ冷蔵庫の前に来たら何をしようとしていたのか分からなくなってしまったり、同じ動作を繰り返したりするようになっていきました。

ただこうした認知症の初期症状がでても、それ以外の面では人との会話も普通にでき、思考や判断も正常で、生活に大きな支障はないということも多いのです。同居家族がいれば、必要な声がけやサポートなどを受けながら問題なく暮らせるでしょう。

悩ましいのは、伴侶が先立つなどで１人暮らしになった場合です。今は介護サービスも充実していて、デイサービスなどの通所型施設や介護ヘルパー派遣サービスなども利用すれば、一人で自立した生活をすることもできます。ただ日常生活では、やはり細かな問題がいろいろ発生します。

そんななか、高齢者のサポート役として活用できるのが「スマートスピーカー」です。既にスマートリモコンと連携させて「声で家電操作する」という使い方はご紹介しましたが、それだけではありません。インターネットを活用することで、低下した記憶力や認知力を補完する役割を果たしてくれるんです。

「高齢者にインターネット活用は無理」の思い込みを捨てよう

日本のインターネット元年は 1995 年と言われています。私もまさにその年、最初のボーナスで購入したパソコンを使ってインターネットの世界をのぞき始めた一人でした。

今の 80 代はその頃既に 50 代。好奇心とチャレンジ精神旺盛な人はパソコンを使って早くからインターネットを活用してきていますし、スマホを使いこなして子供や孫とも毎日 LINE でやりとりしているシニア世代も少なくありません。ただその割合は決して高くなく、総務省が 2021 年に実施した「通信利用動向調査」によると、80 歳以上でインターネットを利用している人の割合は 27.6% だそうです。

スマホの登場により、インターネットはかなり手軽に使えるものとなりました。とはいえ不慣れな人にとっては簡単ではありません。用途によって使うアプリも変わってきますし、新たにアプリを追加すれば初期設定も必要です。年を取って認知機能や記憶力が低下すれば、新しいアプリ操作を覚えるのは結構大変ですし、今までできていた操作がおぼつかなくなってくることもあるでしょう。

私の母は 1942 年生まれで、60 代の終わり頃に携帯電話をスマホに変え、友人たちとショートメッセージや LINE でやりとりをしたり、時には庭の花の写真を撮って送りあったりしているほどでした。その母も認知症の進行とともにスマホの画面操作が難しくなり、ショートメッセージや LINE のやりとりも次第に減っていきました。

「1 歩進んで 3 歩下がる。覚えるより忘れていくスピードのほうが速いの」母はよく自嘲の笑みを浮かべながらそんなことを言っていました。

そんな母が、AI アシスタントが使えるスマートスピーカー／スマートディスプレイをリビングと寝室に置いたことで、インターネットを日常生活の中で自然に、そしてかなり高い頻度で活用するようになったのです。

だってすごく簡単なんです。パソコンを起動してキーボードで文字を打ち込む必要もなければ、スマホでどのアプリを使えばいいのか悩む必要もありません。ただこんなふうに言えばいいんです。

「OK Google、今日のニュースを教えて」

「アレクサ、令和3年って西暦何年？」

「OK Google、今夜の天気を教えて」

「アレクサ、近くでまだ営業しているスーパーある？」

さらには、自動化の設定をすれば、「話しかける」というアクションがなくても、スマートスピーカーがさまざまな声がけをしてくれます。例えば毎朝7時にその日の予定を読み上げてくれたり、食後の時間帯に「お薬を飲みましょう」と声がけをしてくれたり。そうして1人暮らし高齢者にとってのまさに「生活アシスタント」になってくれるのです。

インターネット世代は常にスマホを持ち歩き、情報を取得し、記憶や判断をつかさどる「脳」を拡張させる「外部脳」としてインターネットを使いこなしています。高齢者も同じです。スマートスピーカーがあれば、加齢によって弱ってきてしまう記憶力や認知力を補完するための「外部脳」としてインターネットを自然に活用することができるのです。

今はまだ、人が話す言葉を認識して、それに対し回答を返すところにとどまっていますが、話題のChatGPTなどの生成AIの機能も入り、さらに進化していきます。自分たちが加齢による脳機能の衰えや認知症に悩む年代になる頃には、質問やリクエストをしなくても、AIが先回りしてアドバイスをしてくれたり、サポートしてくれたりしてくれるでしょう。

4-2 「スマートスピーカー」が役に立つ場面はたくさん

ポイント

1. 音声操作だけでインターネットを利用できる便利なアイテム。
2. スマートスピーカーには「AI アシスタント」と呼ばれるソフトウエアが組み込まれている。
3. Amazon の「Alexa」と「Google アシスタント」が利用者も多い。

声だけで操作してインターネットを利用できる便利アイテム

まずはスマートスピーカーが一体どんなもので、何ができるのかを見ていきましょう。

ベーシックな製品はスピーカーとマイクを内蔵しており、平べったい円形をしているものが主流です。写真は Google から発売されている「Google Nest Mini」という製品です。

スマートスピーカーにディスプレイが付いたものもあります。本書ではスマートディスプレイと呼ぶことにします。写真は Amazon.com の「Echo Show」シリーズで 5.5 インチのディスプレイを持つ「Echo Show 5」という製品です。iPhone 14 が 6 インチ台ですからそれより少し小さい画面です。

スピーカーというと、「音楽を聴くためのもの」とまず思ってしまいますが、これらはスピーカーとマイク機能が内蔵された、「音

Googleの「Google Nest Mini」

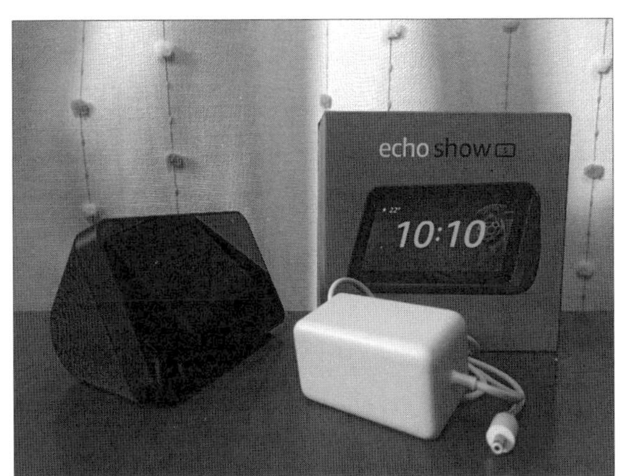

Amazon.comの「Echo Show 5」

声でインターネットを利用するための製品」です。

使ったことがないという方のため、どんなことをしてくれる製品なのか、その機能の一部を簡単に紹介しますね。

質問に答えてくれる

おそらく最も多い使い方はこれでしょう。いろいろな質問に答えてくれます。

「今、何時？」

「今夜の天気は？」

「猫の鳴き声は？」

「中国語で先生って何ていうの？」

「マレーシアの首都は？」

こういった質問に答えてくれます。

意外と重宝するのが、計算機としての活用です。「1980＋2780は？」と聞くと「1980足す2780は4760です」と答えてくれます。ちょっとした計算なら、引き出しから計算機を取り出したり、スマホで計算機アプリを立ち上げたりする必要もなく便利です。同じことはパソコンやスマホのブラウザーの検索機能でもできますが、スマートスピーカーがあればスマホを手に取る必要もなく、声に出して質問するだけ。使い慣れると本当に重宝しますよ。

タイマーや買い物リストなど便利ツールになる

いろいろなツールの役割も代行してくれます。例えばキッチンで料理をしていて、パスタをゆでるとします。

「6分後にタイマー」

そう言えば6分後に音で知らせてくれます。キッチンタイマー代わりになるのです。同じく料理中に、ウスターソースを使い切ってしまったとします。次に買い物に行くときまで覚えておければ一番ですが、そうでない場合、買い物メモが必要です。でも「料理終わってからメモしよう」と思っていても忘れてしまうものです。そんなとき、

「ウスターソースを買い物リストに追加」

こう言うだけで買い物リストに追加してくれます。手を洗ってタオルでふいて、紙にメモで「ウスターソース」と書く必要もなくなります。リストは後から「買い物リストに何て書いてある？」と音声で聞き返すことができますし、スマホアプリからも確認できます。

オンラインカレンダーと連携させてスケジュール管理してくれる

毎日忙しくてバタバタしている人や、どうも予定を忘れてすっぽかしてしまう人は、スマートスピーカーとオンラインカレンダーを連携させ、音声でリマインドしてもらうといいでしょう。

オンラインカレンダーとの連携は、スマホアプリから簡単に設定できます。例えば歯医者さんの予約を午前の早い時間帯に入れているとしましょう。手帳やカレンダーに書き込んでおいても、うっかりさん（私のことです）は前日や当日の朝それを見るのを忘れてしまうのです。さらにうっかりさんは、朝確認したにも関わらず、他のことに追われていて気付いたら予約の時間を過ぎていたなんてこともあります。

そんな人にこそスマートスピーカーが向いています。オンラインカレンダーに登録しておけば、Amazon.com の Alexa の場合、前日や 1 時間前、15 分前などあらかじめ指定した時間に音声で教えてくれます。Echo Show などディスプレイ付きの端末なら、テキストでも表示されるので、うっかりすっぽかしてしまうことが

減ります。

新しい予定の登録も、わざわざパソコンやスマホから登録する必要はありません。「カレンダーに予定を登録して」と言えば、音声だけで登録できます。「あとで忘れないように手帳に書いておこう」と思いながら、バタバタしているうちに忘れてしまったなんてこともなくなります。

対応している家電や照明、スマートリモコンを音声で操作する

そして第３話で紹介した、声だけで家電や照明を操作するのも、スマートスピーカーの役に立つ機能です。エアコンでも「Alexa 対応」などとなっている製品であれば、Echo シリーズ製品と連携させ、音声だけで操作が可能です。そしてそんな特別な機能がついていない、ひと昔のエアコンや、新しくても廉価版のエアコンであっても、スマートリモコンを使えばほぼ同様のことができます。

私の実家では、玄関にスマートドアベルを付けており、ドアベルが鳴ったときに「玄関を見せて」と言えば、Echo Show 5 で玄関前の来客と会話できます。

音楽やドラマ・映画などを楽しめる

Spotify や Amazon ミュージックなどで音楽を聴いたり、Netflix や Amazon プライムビデオなどでドラマや映画、アニメなどを見たりできます。もちろん YouTube で動画を再生することもできます。

パソコンやタブレットだと、サービスのサイトやアプリを開き、ログインして、ジャンルや歌手名から聴きたい音楽を探してと、さまざまな手順が必要です。インターネットを使ったことがない高齢者にはかなりハードルが高くなると思います。

ところがスマートスピーカーなら「○○○（アーティスト名）の曲を流して」と声でお願いするだけです。私の母も、ちょっと教えただけなのに、「桂銀淑（けいうんすく）の歌を聞かせて」「鳥羽一郎をかけて」と、好きな歌手の曲を一日中流し続けるようになりました。それまでもCDプレーヤーで音楽を聞いていたのですが、YouTubeならCDには入っていない新しい曲やカバー曲、またコンサートの映像と一緒など、楽しみ方も広がります。

もともと、リモコン操作替わりとスケジュール管理のために導入したスマートスピーカーでしたが、予想外のところで、母親のお気に入りのアイテムになってしまいました。

ビデオ通話も簡単

スマートスピーカーの高齢者の利用事例としてよく紹介されるのは、ビデオ通話でしょう。ディスプレイ上部にカメラがついた「Echo Show」なら、顔を見ながらの会話がとっても簡単にできます。設定をしておけば、声による操作だけで相手を呼び出すことができます。孫との遠隔ビデオ通話に愛用している人も多いそうです。双方が同じ製品を持っていないとできないと勘違いしている人も多いですが、実際はスマホにアプリ版のAlexaが入っていれば大丈夫なので、実家に一台だけEcho Showを置いておいて、自分はスマホやパソコンからビデオ通話することも可能です。

AIアシスタントは「Google」「Alexa」どっち？

スマートスピーカーというのは製品の種類ですが、その中に入っていて音声やりとりをつかさどっているスマートスピーカーの頭脳ともいうべきものが「AIアシスタント」と呼ばれるソフトウエ

AIアシスタント名	組み込まれている製品の一例
Google アシスタント	Androidスマホ、Google Home／Nestシリーズ製品
Alexa（Amazon.com）	Amazon Echoシリーズ製品、Fireタブレット
Siri（Apple）	iPhone、iPad、Mac
Cortana（マイクロソフト）	Windowsパソコン
LINE CLOVA	LINE CLOVAシリーズ製品

アやサービスです。スマートスピーカーの他、スマホやパソコンにも組み込まれています。

AI アシスタントには何種類かあり、iPhone ユーザーの方なら「Siri」を使い慣れているかもしれません。

これらのうち、スマートスピーカーが普及していて、家電の音声操作などスマートホーム用途で多く選ばれているのが「OK Google」で知られる「Google アシスタント」と Amazon.com が開発した「Alexa（アレクサ)」です。

第 3 話でご紹介したスマートリモコンも、Google アシスタント・Alexa の両方に対応しています。

「Google アシスタントか Alexa か」が悩みどころですが、高齢の親のサポートが目的なら、使い道もある程度限られてきますので、実はそれほど大きな差はありません。質問に対する回答は Google アシスタントのほうが優れているともいわれますが個人的には特に Alexa でも不便を感じたことはなく、Alexa なら Amazon

さまざまなスマートスピーカー/スマートディスプレー

ミュージックなどAmazonのサービスが利用できます。

また、スマートホームという観点だと、対応している家電製品の種類が多いのはAlexaですが、既存家電や照明に「SwitchBotハブミニ」「Nature Remo」などのスマートリモコンを組み合わせて音声・遠隔操作する場合には、GoogleアシスタントでもAlexaでも大丈夫です。

そんなわけで、「どっちでも一緒」と考え、当初はGoogleのスマートスピーカー「Google Home mini」を実家に置いて親に使ってもらっていたのですが、1年が経過した後、メインをAlexaに切り替えました。既に母が「OK Google」になじんでいたので変えたくはなかったのですが、AmazonのEcho Showのビデオ通話機能が魅力だったのです。

そのころ母はスマホ操作がさらに難しくなってしまい、電話をかけてもほとんど取ってもらうことができなくなってしまっていました。Alexaには「呼びかけ」という機能があり、あらかじめ呼びかけできるように登録しておけば、こちらからビデオ通話をかけたときに、親が何もしなくても自動的に通話が始まるのです。

この機能、使い始めたら本当に便利。それまで電話に出てもらえず、ネットワークカメラから「電話に出て」と呼びかけたりスマートディスプレイにテキストでメッセージを送っていたりもしたのですが、そんな苦労が一切なくなりました。すぐお互いに顔を見て話をすることができるようになったのですからまるでバーチャル同居感覚です。朝食の時間帯にビデオ通話で雑談するのが日課になりました。

そんなわけで、もしこれから親用にスマートスピーカーかスマートディスプレイを購入しようと考えていて、ビデオ通話も必要と考えているなら、現時点ではEcho Showをおススメします。ビデオ通話を想定していないのであれば、どちらでもいいかなと思います。

ディスプレイは必要？

私の実家では、リビングに１台のスマートスピーカー「Google Home mini」を置くところからスタートしました。これは元々実家用に買ったものではなく、登場して間もない頃、半額セールで手に入れたけれど、ほとんど使っていなかったものでした。

すると、エアコンやテレビ操作はもちろんのこと、一日中YouTubeで音楽を聴くなど想定以上にヘビーに使ってくれました。それならと、ディスプレイ付きのGoogle Nest Hubを追加購入。

その頃には、「今日の予定は？」「今週の予定は？」など音声で

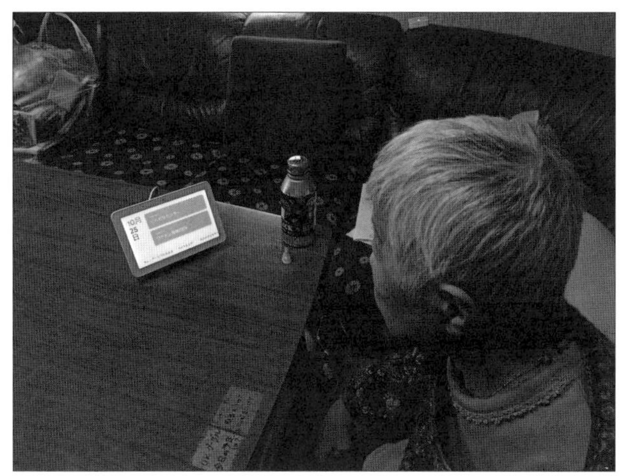

スマートディスプレイでその日の予定を簡単に確認

予定確認する使い方も覚えていたので、ディスプレイ付きなら読み上げる音声だけでなく画面でも確認できます。すぐ分からなくなってしまう日にちや曜日も、視覚でも確認できると、より記憶に定着しやすいのではと考えたためです。

使っていないときには、私がスマホで撮った写真の中から、家族写真や猫の写真だけを自動的に抽出してローテーション表示させるようにしました。父が亡くなり半年が経過した頃だったので、家族旅行の写真は癒やしにもなったようです。

そして用済みとなったスマートスピーカーは寝室に移動させ、スマートリモコンも設置して、寝室のエアコンや天井照明、さらには扇風機も声だけで使えるようにしました。寝室は特にディスプレイまでは必要ないので、これで十分です。現在はAlexaが利用できる「Echo Show 5」と「Echo Dot」に置き換えました。使わなくなったGoogleのスマートスピーカーは玄関に移動して、母がデイサービスのお迎えを待つ間に日時を確認したり、天気予報やニュースを聞いたりするのに使っています。

もし1台だけを導入するということであれば、ビデオ通話もできるカメラ付きのスマートディスプレイ「Echo Show」シリーズにしておくといいかなと思いますし、寝室や玄関など、使う時間がある程度限られている場所に置くのなら、より安いスマートスピーカーで十分です。

フォトフレームとしても有効活用

リビングのスマートディスプレイには、家族旅行写真や猫の写真を10秒間隔でスライド表示させています。オンラインの写真共有サービスと連携させれば、そこから写真を選んでローテーションで表示できます。例えばGoogleフォトであれば、写っている人物や猫などをAIで自動解析してグループ分けしてくれているので、表示したい写真を1枚ずつ選ばなくても、「父親か母親か猫が写っている」という条件を指定すれば、自動的にアルバムを作って表示してくれます。Googleフォトに新たな写真をアップロードした場合にも、条件に合致したものがあれば、スマートディスプレイにも自動でローテーション表示されます。

家族写真もそうですが、とりわけ猫写真が飼い主をひきつける威力はすごいものがあります。今は亡き猫もちょこちょこ登場するので、母は暇があると懐かしそうなまなざしで眺めています。スピーカーだけの時には、存在を忘れられ使われなくなってしまうこともありましたが、愛猫写真のおかげで常に見てもらえるようになり、活用度もアップした気がします。

長期入院時は、病室に持ち込んでフォトフレームとして活用してもらうこともできます。病院によっては持ち込みを渋られることもありますが、スライドショーのようにローテーション表示するので、身体を自由に動かせない時でも見ることができ便利です。

私も、自分が入院することがあれば小さめのスマートディスプレイを一台持参し、スマホでテザリング（スマホの通信機能を使ってインターネット接続すること）したいなと思います。声だけで操作可能なのは、とりわけ身体の自由が利かないときには重宝すると思います。

4-3 スケジュール管理はオンラインカレンダーにお任せ

ポイント

1. 認知症の初期症状でスケジュール管理が難しくなることがある。
2. 家族がオンラインカレンダーに登録したスケジュールを声で簡単に確認できる。
3. スマートスピーカーなら、「今日は何曜日？」と何十回質問しても嫌な顔をしない。

病院診察予約日を勘違いして、何度もタクシーに乗って遠方の病院に向かってしまった母。本人も落ち込んでいましたし、タクシー代も往復１万5000円超とかなりの出費です。新型コロナの流行期は病院の待合室にいること自体のリスクもあったので、何とかしなくてはと真剣に悩みました。

紙のカレンダーに予定を書き込んでいるのですが、大前提となる「今日が何日か」という認識が合っていないことにはどうしようもありません。カレンダーを見ると、予定が書き込まれている日やその前日が「今日」だと思い込んでしまうという副作用までありました。

日付が表示されるデジタル時計も目立つ場所に設置していましたが、なかなか確認してもらえませんでした。

Googleのスマートディスプレイ「Google Nest Hub」にスケジュールを表示させているところ

もうひとつ課題だったのは、新しい予定が入ったときです。私が実家にいればカレンダーに書き込むのですが、そうでなければ母が書き込むしかありません。書き込むのを忘れて予定が何日だったか分からなくなってしまったり、間違った日付のところに書き込んでしまったりといった問題がありました。

一体どうしたらいいんだろうと、悩みました。テレビはいつも見ていましたので、日付や予定をテレビ画面に表示させる方法はないだろうかなど、いろいろ真剣に考えていました。

そんなスケジュール管理問題を解決してくれたのが、オンラインカレンダーの「Google カレンダー」とスマートスピーカー／スマートディスプレイです。特にスマートディスプレイは「今日の予定は？」「今週の予定は？」と問いかければ、音声とテキストで示してくれるので、日時見当識障害の母もスケジュールを確認しやすくなりました。また途中で、カメラ付きのEcho Showに変えた後は、母が部屋に入ってきたら自動的にその日の予定を読み上げるという設定にしたので、母が「今日の予定は？」と聞く必要すらなくなりました。まさに「プライベート秘書」のような存在です。

Googleカレンダーに予定を登録するのは私の役割です。毎週繰り返されるデイサービスやリハビリは、一度登録してしまえば大丈夫ですし、病院の次回診察予約日なども、病院付き添いの帰りのバスの中でスマホから登録しています。

それ以外では、例えば母のワクチン接種日などは、私がオンラインで予約をした後にすぐGoogleカレンダーに登録して母にも電話で伝えます。一応母もメモをしてくれていますが、それがなくても、前日になればスマートディスプレイが教えてくれます。

美容院に行く日などは、母との電話の会話の中で「来週行くことにした。迎えに来てもらう」などと言われれば、日時を聞いてそれを記入しています。

認知症の症状が出始めた初期と違い、その頃には母も「自分は日付や予定を覚えていられないようだ」という自覚を持つようになっていたので、かなり頻繁に「今日の予定は？」「今週の予定は？」とスマートディスプレイに聞くようになっていました。

AIアシスタントのいいところは、何回・何十回同じことを聞かれても嫌な顔をしないこと。何事もなかったかのようにさらりと涼しい声で教えてくれます。

これが実の娘（私）になるとそうはいきません。最初の数回は「ああ、病院は明日じゃなくて来月だよ」と同じ答えを淡々と返すのですが、そのうち気持ちの中に軽いいらだちが混じり始めます。5回を超えたころから「だから！病院は明日じゃないの。来月なの」と口調が荒くきつくなってしまいます。

娘の立場として言い訳をすると、仕事の合間を縫って帰省してたまった家事を必死にこなしている最中で、10分おきとかに全く同じ質問をされるのですから、つい「何度も」といらだちを抑えられなくなってしまうのです。

一方の母親にしてみれば、朝から同じ質問をするのが5回目という意識は皆無です。突然「病院明日じゃなかったかしら」と思いついたので忘れないうちにと思って軽く聞いただけなのに、なぜか娘に不機嫌な口調と目つきで否定されれば、戸惑うし不安になるし、自信喪失にもなるでしょう。

そう考えると、スケジュール管理は、一切いらだつこともなく、何回でも何十回でもやさしい丁寧な口調で教えてくれる「OK Googleさん」か「アレクサさん」に任せたほうが、両者にとって幸せなんです。

4-4 デイケアのお迎えやお薬をAIアシスタントがリマインド

ポイント

1. 1人暮らし高齢者は、デイサービスや食後の薬などつい忘れがち。
2. スマートスピーカーの声がけで、「うっかり」忘れが減ってスムーズな生活に。
3. 外出準備などの声がけは、一定間隔で複数回繰り返すなど設定に工夫が必要。

同様に、AIアシスタントに委ねてよかったのが、日課リマインドです。

朝食後に薬を飲み忘れてしまうのを防ぐにはどうしたらいいのか、これもずっと考えていた課題でした。一人だけだと、つい薬を飲み忘れてしまう。毎回電話して確認するのも大変だし親にとっても煩わしいはず。実際、実家滞在時に、朝食を終えても薬を飲むそぶりもみせない親に「お薬飲んだ？」というと、「今から飲むところよ！」とちょっと怒ったような声で言われてしまいました。「朝起きたときに、一日の分の薬をテーブルの上に置いておいたほうがいいよ」「飲み終わった後の袋も、夜まで捨てないでテーブルの上に残しておいたら」など、ついついおせっかいを焼いてしまうのが原因です。

Google Homeアプリのスケジュール設定画面

　というのも、薬を飲み忘れたかと思うと、飲んだことを忘れて同じ薬を2回も3回も飲んでしまうということがあったからです。一度は口の中が溶けた薬で真っ白になっていて、驚きで思わず声が出てしまったこともあります。

　薬を飲む重要性は本人もよく理解しているので、後はきっかけとなる「声がけ」があればいいだけなのです。一緒にいれば、多少疎ましがられても一言いえばいいのですが、私が実家を離れているときには電話をするしかありません。

　そんな場合にも、スマートスピーカーが頼りになります。

　まず、Google Homeアプリの「ルーティン」機能での設定方法

Alexaの設定画面

をご紹介しましょう。

前ページの設定画面の左は一件だけの設定、右は一日の中の複数の日課をまとめて設定する場合です。昼寝も増え、一日が何度も分断されるようになると、食事の時間なども曖昧になってきてしまったので、途中から食事の時間や、夜寝る時間などもリマインドする設定にしました。

もし日時見当識障害の傾向があるなら、何かリマインドする際に、その時の時間を一緒に読み上げることも大切です。それによって、頭の中でずれてしまっている時間が補正されます。

Alexa の場合も設定の基本は一緒です。

母は週に 4 回、通所型の介護サービスを利用していました。週 2 回が半日だけのリハビリで、週 2 回は朝から夕方までのデイサービスです。ただ曜日がよく分からなくなってしまうので、「今日は一日家で過ごす日」と思い込み、着替えもせず、外出準備もしないでリビングでのんびり過ごしてしまっていることがよくありました。

迎えはいくつかの家をまわって利用者を一人ずつ乗せていくのですが、1 人暮らしで曜日の勘違いが多い母が、送迎車を待たせてしまうことが多発しました。

そこで、Alexa を通じてリマインドを入れることにしました。1 回だけだとどうもうまくいきそうにないので、8 時 45 分に迎えが来る場合には、まず 30 分前に最初のリマインドをします。

Alexa「今日はデイサービスの日です。今の時間は 8 時 15 分。あと 30 分くらいでお迎えが来ます。準備を始めましょう」

この呼びかけをトリガーに、トイレに行ったり靴下を履いたりといった準備をします。そして 10 分前には玄関に向かうよう促します。また、ときにデイサービスがあることを忘れて朝食後にまた寝室で寝てしまっていることもあります。そこでリビングでのリマインドとは別に、寝室に置いてあるスマートスピーカーでも 20 分くらい前に「今日はデイサービスの日ですよ」と呼びかけます。どの製品から呼びかけるかは、スマホアプリで指定できます。

このあたりのタイミングをどうすれば最もスムーズにいくかは、設定者の腕の見せ所です。帰省したときに一緒に外出準備をしたり家の中での移動をサポートしたりしながら、そのあたりも意識して観察をしておくといいかもしれません。

Alexa「デイサービスのお迎えがまもなくやってきます。玄関に向かいましょう」

私が言うと、「分かっているわよ」「まだその時間じゃないでしょ」と少し反発されてしまいますが、不思議と「アレクサさん」にはムッとしたりはしないようです。「ああ、もうそんな時間。はいはい」など言いながら重い腰を上げていました。

こうしたリマインドを設定する前は、実家を離れていても、朝になると「そろそろお迎えが来る時間だけど、母はちゃんとトイレ済ませているかしら。またお迎えの車を待たせちゃうんじゃないかしら」とドギマギしていたのですが、比較的スムーズにお迎え待ちができるようになり、私が朝から気を病むこともなくなりました。

朝のビデオ通話でも、「今日のデイサービスは待たせないでよ」とか余計なことを言わなくなり、「今日はお昼ご飯何が出るんだろうね」などたわいもない会話を交わしながら穏やかに送り出すことができるようになったのです。

4-5 対面会話でコミュニケーションを増やす

ポイント

1. カメラ付きスマートディスプレイならビデオ通話にも使える。
2. Alexaの「呼びかけ」機能を使えば、相手の応答アクションなしにすぐビデオ通話が始まる。
3. Echo Showならバーチャル同居的な感覚のコミュニケーションが実現する。

もともと母親に使ってもらっていたGoogleのスマートディスプレイを、途中からAmazonの「Echo Show 5」に変更した最大の理由は、ビデオ通話機能です。

それまでは、スマホで電話をかけたり、LINEのビデオ通話で話をしていたりしたのですが、認知症の影響か、着信があったときに、緑色の「応答」ボタンをスライドするということがスムーズにできなくなってきたのです。

ただ押しちゃっているだけのときもあれば、指をスライドする始点がずれていることもありました。見た目ではちゃんと操作できているようなのに、どうも反応してくれないということもあります。

スマホ画面のタップやスライドなんてそれほど難しくはありま

せんし、母だって10年以上スマホを使って慣れていたはずなのですが、なぜか何度やっても着信電話に出ることができず、途中で嫌気がさして諦めてしまうことが増えました。指先の繊細な感覚が失われていたのかもしれません。

それまでも「応答アクションがなくても通話が始められる」ということは知っていたのですが、実際に親が着信応答が難しくなったことで、その価値に気付いた次第です。

Alexaの「呼びかけ」機能を使えば、応答アクションをしなくてもビデオ通話を始めることができます。便利な機能ですが、誰でも彼でもこれで通話を始められたらプライバシーの問題になってしまいますので、あらかじめアカウント同士で呼びかけの通話を許可しておく必要があります。

より簡単に始めるには、同じAmazonのアカウントを実家のEcho Showと、自分のEcho Showあるいはスマホの両方に設定します。この場合は呼びかけ許可設定が不要なので、実家に設置する場合にはお薦めです。

1. 親側にカメラ付きの「Echo Show」を用意する
2. 自分側にもカメラ付きの「Echo Show」もしくはスマホアプリの「Alexa」を用意する
3. 親のEcho Showと同じAmazonアカウントで自分側もログインする
4. 「呼びかけ」機能を使ってビデオ通話をする

この機能のもともとの前提は、同じ家の中の複数の部屋に置いて、ダイニングルームから各部屋にいる家族に対して「ご飯が用意できたからダイニングルームに来て」と呼びかけるような使い方のようです。

許諾もなしでいきなりビデオ通話が始まってしまうというのは、自分がかけられた側だと思うと正直、嫌です。食事の真っ最中かもしれませんし、一人だと油断してひどい格好をしている可能性もあるからです。

ただ、母はスマホ応答が苦手になっていたこともあり、私が毎朝、いきなりビデオ通話をかけてくることは歓迎してくれました。そんなに毎日話をする内容もありませんし、安否確認はほかの手段でもできていましたが、認知症を進行させないために、毎日 10 分でも 15 分でも会話をすることが有効かなと思っていたためです。

ビデオ通話をしている途中に猫が母のところに来ると、「ほら、おねえちゃんだよ。見える？」と猫を抱きかかえて、Echo Show 5 の画面に向けてくれました。

そのうち、Echo Show で画面がつながっているからといって無理して話をしなくてもいいような雰囲気になり、母はテレビを見な

ビデオ通話画面の母

がら朝食を取り、私もコーヒーなどいれながら、ただ顔が見えている状態でそれぞれ適当に過ごすなんていうことも始まりました。

ちょっとしたバーチャル同居です。

新型コロナ禍では、在宅リモートワークやオンライン会議もすっかり自然なスタイルとなりました。そして、田舎に実家がある人が帰省しにくい状況の中、こうしたアイテムを使っての「オンライン帰省」も試みる人も多かったと思います。実家の親にEcho Showをプレゼントし、画面越しに孫と顔を合わせられるようにした人の体験談記事なども読みました。

近い将来、より大型のディスプレーや仮想現実（VR）なども一般化して、帰省や同居もよりバーチャルな形でできるようになるのかもしれません。

4-6 高齢者にこそスマートスピーカーは必要

ポイント

1. スマートスピーカーは「外部脳」として低下した認知機能や記憶力を補完してくれる。
2. 無理なく使ってもらうために、コマンドを書いて貼っておくなど工夫が必要。
3. 進化するAIが今後ますます高齢者をサポートしてくれる存在になる。

加齢で低下した記憶力を補完してくれる

「スマートスピーカーを使いこなしちゃうなんて、お母さますごい！」

よくそんな風に驚かれます。スマートリモコンとの連携で、エアコンやテレビはもちろん、リビングのカーテンも声だけで開け閉めしちゃうので、見舞いを兼ねてやってくる母の友人やケアマネジャーさんなどにも「ふみ子さん（母の名）、すご〜い！」と言われ、本人もニコニコ自慢げです。

確かにスマートスピーカーは、インターネット上のコンテンツを利用する最先端の機器ですし、スマートリモコンを導入しているのも、現時点ではネットリテラシーやや高めの人たちだけかもしれません。私自身も母のサポートのために本格的に使うようになるまでは、せいぜい「今日の天気は？」と聞いたりネット音楽を聴いたりするのに使うくらいのライトなユーザーでした。

ただ、今は確信しています。スマートスピーカーもスマートリモコンも、むしろ「高齢者にこそ必要」なものです。いや、高齢者だけではありません。私たちのような、忘れっぽくなり老眼が進んで細かい字が読みにくくなっていく中高年にとっても、利用価値が非常に高いアイテムだと思うのです。

音声解析技術が進んだことで、特にチューニングなど行わなくても、普通に話すだけでかなりの部分を正確に聞き取ってくれます。そして的確な返事を返してくれます。

パソコンを立ち上げ、ブラウザーで目的のサイトを開いてキーボードから文字を入力するなんてことが無理な私の母でも、音声操作ならYouTubeから好きな歌手の音楽を呼び出して再生することができます。そしてGoogleカレンダーで今日の予定を確認することも何のストレスもなくできます。

もちろん定型アクションやリマインダーを設定し、Googleカレンダーに予定を登録している裏方の私がいるからという要素は大きいのですが、そんな二人羽織の体制なら、高齢者だってスマートディスプレイを使って、インターネットを自分の外部脳として活用することができるのです。

こつはよく使うコマンドを書いて貼っておくこと

唯一のハードルは、「OK Google」「アレクサ」という冒頭のウェイクワードを覚えることですが（変更も可能）、これも覚えてもらおうとせず、紙などに書いてテーブルやスマートスピーカーの手

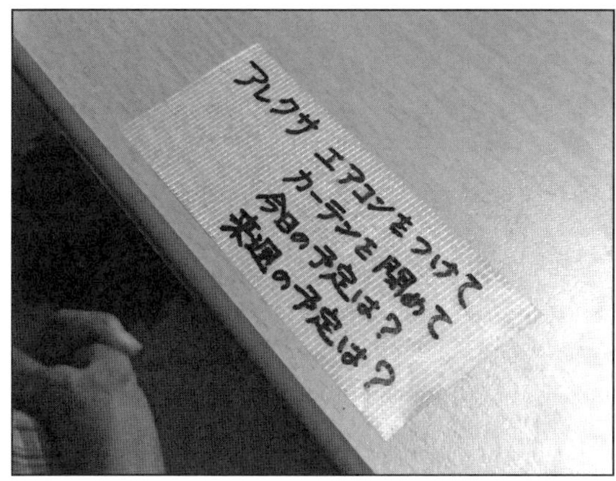

よく使うコマンドは机に貼っておいた

前に貼っておけばいいだけ。

見ながらであれば言えます。そして何回も何十回も言っていれば覚えますし、覚えなくたって紙を見て言えばいいだけなので問題ありません。

株価

「アレクサ、クイックを開いて」
「○○（銘柄名）を教えて」

天気

「アレクサ、今日の天気は？」
「アレクサ、今日は雨降る？」

家電製品

「アレクサ、エアコンをつけて」
「アレクサ、テレビを消して」

タイマー

「アレクサ、10分経ったら教えて」
「アレクサ、6時にアラームをかけて」

音楽

「アレクサ、ジャズをかけて」
「アレクサ、○○の曲をかけて」

計算機

「アレクサ、123＋456を教えて」
「アレクサ、789の8％は？」

Alexaへのコマンド例

そして「いろいろなことができる」と言って全部一気に教えるのもやめたほうがいいでしょう。それだときっといっぱいいっぱいになってしまいます。最初は３つ程度のことだけ書いて貼っておき、それに慣れたらまた次の３つというように、段階を経て拡張していきましょう。

また「何でも答えてくれるから何でも質問してみて」では、何を聞いたらいいのか戸惑ってしまいます。最初はスマートリモコンと連携してテレビやエアコン、天井照明のオン／オフや、スケジュール確認から始めたらいいと思います。

慣れてきたら、「他にもこんなことができるよ」と小出しに提案してみたり、図のようなコマンド例のシートを作ってクリアファイルに挟んで机の上に置いておいてもいいでしょう。月めくりカレンダーのようなものを用意する方法もあります。

将来は進化したAIが私たちの外部脳に

「今日は一日ありがとう。明日もよろしくね」

母は寝る前、Google アシスタントやアレクサに対してそんな感謝を伝えたりもしていました。するとかわいい声でこんな返事が返ってきます。「どういたしまして。お役に立ててうれしいです」。

「前はできていたのに」と落ち込むことが多かった母は、スマートスピーカーを活用するようになり、少し落ち着きと自信を取り戻していったようです。日付やスケジュールなど、いつでも答えてもらえる安心感もあったのでしょう。そんな様子を目の当たりにして、私自身の将来に対する不安も少し和らぎました。母の介護を通して「私もいつか認知症になるのでは」という漠然とした不安が膨らんでいたのです。認知機能が低下し、自分が今何をしようとしていたのか、この後どこに行けばいいのか、分からなくなってしまうかもしれない。自分の頭の中にある記憶も疑い始めたら、一体何を信じればいいのか分からなくなり、生きているのがつらくなることでしょう。

でも私が認知症を発症する年齢に達した頃にはおそらく、今とは比べものにならないほど AI が進化しているでしょう。そして誰かがセットアップなどをしてくれなくても、私が必要としている情報やサポートを察知してスムーズに提供してくれるかもしれません。

例えば、既に朝食を食べたのに、間違えてまた食事を取りにキッチンに向かおうとしたら、「あきこさん、もし朝食の準備をしようとしているなら、30 分前に食べたばかりですよ。その時の写真をこっそり撮っておきましたので見ます？」なんて教えてくれるかもしれません。

「浮かない顔をしていますね。何か悩み事でもあるんですか？」と聞いてくれるかもしれません。結構気の合う、孤独を埋めてくれる話し相手になりそうです。

「高齢者にインターネット活用は無理」――この本を読んでくれた方には、まずこの思い込みだけでも払拭（ふっしょく）してみてほしいです。やってみたら意外といけるものですよ。

◇◇

床をはうケーブルにご用心

古い家で途方に暮れてしまうのは、壁コンセントの数が圧倒的に少ないこと。玄関や廊下も、電源確保に悩む場所です。

考えてみれば当然で、40 年前の一般家庭で使っている家電製品なんて、テレビに洗濯機、掃除機、あとカセットデッキにトースターくらい。エアコンや空気清浄機もない家が多かったですし、今のようにスマホや音楽プレーヤー、デジカメなど頻繁に充電が必要な製品もありませんでした。電話機も電話線につなぐだけで使えました。

そんな中でスマートホーム製品を設置しようとすると、必要になってくるのが電源の延長ケーブルです。そこで気を付けてほしいのが、ケーブルの処理です。親が移動する動線上にケーブルがあると、足をひっかけて転倒してしまうことがあります。壁沿いにはわせていても、何かのはずみでずれてしまうこともあります。

延長ケーブルは、多少高くても少し長めのものを購入してしっかり壁沿いを伝わせ、コードクリップなどを使ってきちんと床と壁の角に固定するか、ケーブルカバーを両面テープで固定してその中を通しましょう。ケーブルカバーはホームセンターの他、100 円ショップでも手に入ります。

　わずか一度の転倒でも、ぶつかりどころが悪ければ頭部にダメージを受けますし、脊椎圧迫骨折や大腿（だいたい）骨骨折などで長期寝たきりになってしまうこともあります。それがきっかけで認知症が進行するケースだってあります。家の中のケーブル取り回しは、くれぐれも慎重に行ってください。

◇◇

第5話

玄関の来客対応や施錠だって離れたところからできちゃう！

見守りのポイントとして見落としがちなのが、家と外の世界をつなぐ接点である「玄関」。高齢者を狙った悪意ある人たちから親を守るとともに、近所の人やサポートしてくれる人たちとうまく連携していくためにも欠かせないアイテム、それがスマートドアベルとスマートロックです。

第5話
「カギがかかっていて家の中を確認できない…」
出ない…
出ない…
どうしたのかな…
出ない？
うん…
出ない
朝8時から
10分おきに
かけてるけど
トイレのセンサーは
反応あったの？
昨日の夜8時に
トイレに行ったきり
記録がない…
トイレと
リビングのカメラにも
何も映ってない
人感センサー
9月12日（水）10:05
20:05 動きが検出されました
18:45 動きが検出されました
16:03 動きが検出されました
14:51 動きが検出されました
13:48 動きが検出されました
寝室で
倒れちゃったかな…

寝る部屋まで
カメラはイヤだって言うから
付けてなかったの
寝室ってカメラあるの？
廊下のは？
昨日の夜8時頃に
寝間着で寝室に向かうのが
映ってた
それっきり
今日は何も映ってない
……
……
あ、そういえば
お隣の田中さんの
電話番号分かるよ
こないだガレージに
ゴミ置きに行ったときに
ばったり会って立ち話したんだ
そのときなんかあれば
いつでも電話してって
田中さんに
かけてみてくれる？

中村さーん
なーかーむーらーさあーん
しーん
…
ぐるっと一周しながら声かけたんだけど反応ないんですよ
カーテンもカギも閉まっていて中も見えない
玄関もカギかかってますよね…？
うん
窓たたいても反応ないですか？
ダメだねぇ
スミマセンありがとうございます
何かあったらすぐ電話するよ
お願いします
田中さん
みさきが言ってたスマートロックを付けておけばよかった…

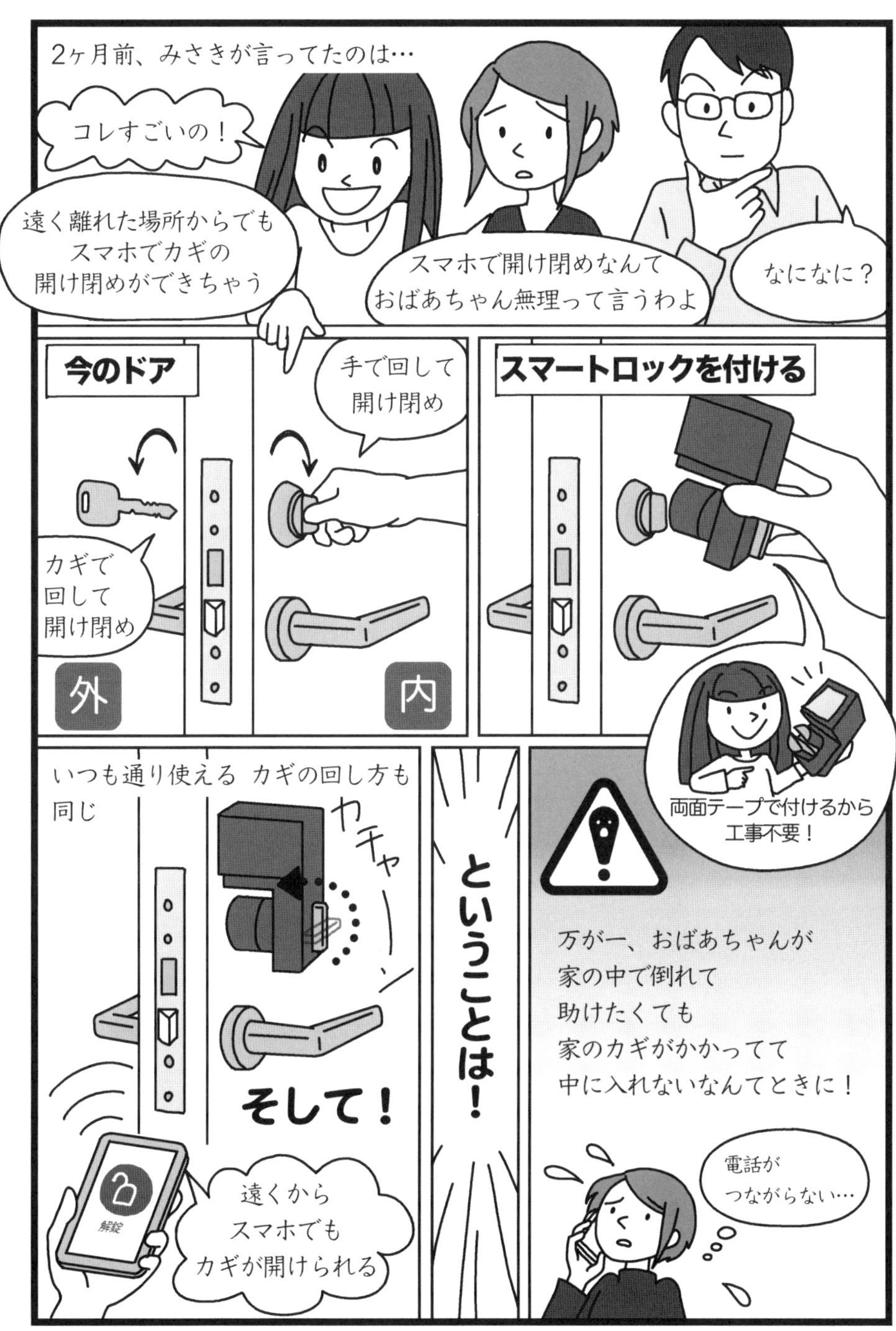
2ヶ月前、みさきが言ってたのは…
コレすごいの！
遠く離れた場所からでもスマホでカギの開け閉めができちゃう
スマホで開け閉めなんておばあちゃん無理って言うわよ
なになに？
今のドア
カギで回して開け閉め
手で回して開け閉め
外
内
スマートロックを付ける
両面テープで付けるから工事不要！
いつも通り使える カギの回し方も同じ
カチャ
そして！
解錠
遠くからスマホでもカギが開けられる
ということは！
万が一、おばあちゃんが家の中で倒れて助けたくても家のカギがかかってて中に入れないなんてときに！
電話がつながらない…

東京
田中さん、
今カギ開けるので
中に入ってください！
よっしゃ！
静岡
静岡
カチャッ
東京
遠隔操作
OPEN!
中村さん、
大丈夫ですかっ？
あのときは想像出来なかったけど…
ってわけ！
これってすごくなーーい？
考えとくわ
緊急用ってことね
いや、コレ
すごいわ…

まさしく
同じようなことが
起きてしまった…
後悔の
嵐
今、大輔くんが
カギ持って車で向かってるから
大丈夫だよ
あと1時間もすれば
着くから
ありがと…
ブオォォォ…！
大輔、
全力で
向かってます
かあさん！！
だいじょうぶ？
…
やっぱり母は転んで
動けなく
なっていた
ピーポーピーポー
そして救急搬送された
中村さん
大腿骨骨折ですね
はい…
転んじゃいましたか？
はあ…
とりあえず入院は
しますけどね、いよいよ
対策考えましょうね
すぐスマートロックを付けよう…

5-1 玄関をスマート化するメリットって？

☞ポイント

1. １人暮らしの高齢者宅は、悪質リフォーム詐欺や強盗などのターゲットにもなりやすい。
2. 足腰が悪くなり移動に時間がかかると、居留守を使ってしまうことも増える。
3. 玄関のスマート化は来客対応のさまざまな課題解決や防犯などメリットが多い。

玄関に出ての応対が母の負担に

さて、ここまでずっと、親が生活をする「家の中」の話をしてきました。もう一つ、大事な場所があります。それは家の中と外の世界の連結部である「玄関」です。

母は寝ている時間が次第に長くなり、日中も半分近くを寝室のベッドで過ごすようになっていました。また起きてリビングでテレビを見ていても、玄関まで歩いていくのに時間がかかるからと、居留守を使うことが増えました。何度も鳴らされるチャイムに焦って廊下で転んでしまったことがあったそうです。また廊下の手すりにつかまりながら転ばないよう慎重に出て行っても、がっかりさせられることもありました。

「ご自宅に金製品のアクセサリーが眠っていませんか？買い取りますよ」や「前の道を歩いていてたまたま目に入ったのですが、お宅の屋根瓦が……」などという飛び込みセールスやリフォーム詐欺のような話をする相手ということも多かったからです。

結果、母を心配して様子を見に来てくれる知人や近所の人にも応対せずに追い返すことになってしまい、宅配業者の荷物持ち帰りが頻発する事態になりました。

人と会って言葉を交わす機会は母にとってもいい刺激になるはずなので、知人や近所の人であればなるべく出てほしいわけです。

高齢者狙いの悪質な訪問販売やリフォーム詐欺

一方、歓迎できない来客が少なくないのも事実です。

チャイムが鳴るので出てみたら、上下作業服の男性が実に人のよさそうな笑顔で立っていて、滑らかで穏やかな口調で話し始める。

「近くの現場に向かう途中なんですが、ちょっとお宅の屋根瓦が気になって……」

こちらが口を挟む間もなく「お気付きですか？」と屋根瓦に浮かんでいるところがあることを指摘し、このままだと次の大雨で雨漏りしたり、台風で飛んでしまったりして大変なことになりますよと修理を持ちかける。

このトークの冒頭にはいろいろなバリエーションがありますが、どれも「営業行為として回っているわけではなく、たまたま見かけた」（＝不信感を抱きにくくさせる）「純粋な好意で、もしくはプロとしての使命感からアドバイスに来た」（＝拒絶させにくくする）「放置しておくと大変なことになる」（＝焦らせる）部分は共通です。

そしてこちらが「まあ、そんなことが」と驚く反応をすると、「ちょっと時間あるので、屋根に上がって見てきますよ、もちろんお金は要りません」と無償点検をもちかけてきます。

その後の展開はだいたい想像つくでしょう。瓦をわざとずらしてその写真をスマホで撮影してみせるなんていうのは簡単なことです。

独立行政法人国民生活センターのサイトの「訪問販売によるリフォーム工事・点検商法」には、「『近くで工事をしている』と言って作業員が訪ねてきた。翌日、別の作業員も連れてきて『点検します』と言い、屋根に上がった。瓦が割れた写真を見せられ、『このままではもっとひどい状態になる』と言われて屋根工事の契約をしてしまった」という点検商法の事例などが掲載されています[*1]。

---

*1 「訪問販売によるリフォーム工事・点検商法」（国民生活センター）
https://www.kokusen.go.jp/soudan_topics/data/reformtenken.html

実家も高齢者の多い地方の町であり、リフォーム詐欺の可能性が高い飛び込み営業が頻繁にやってきます。私が滞在している短い期間だけでも何度も玄関で同じようなやりとりを繰り返しました。

母も屋根瓦のズレやシロアリ被害などの名目で高額なリフォーム代金を請求する会社があることは理解していますが、判断力が弱くなっていて、相手の会話に誘導されやすくなっています。

「年々台風被害が大きくなってること、きっとご存じですよね」

「屋根瓦がずれていると雨漏りで家じゅうびしょぬれになって大変ですよ」

「天井や床が腐って落ちちゃうこともあるんですよ」

「お母さんがお一人のときそんなことになったらどうします？困っちゃいますよね」

1人暮らし高齢者の不安をついては、「はい」「ええ、そうですね」という同意の言葉を何度も引き出します。巧みに「無料点検」の許可を得て、そのまま契約に持ち込むなんていうことは、プロの手にかかれば赤子の手をひねるようなものでしょう。

悪質なリフォーム詐欺としては、屋根瓦のズレや床下のシロアリの他、耐震工事や外壁塗装、「補助金・保険金で全額カバーできる」、「本日中の契約ならモニター料金が適用される」などいろいろあります。クーリングオフ制度ももちろんありますが、判断力が落ちている高齢者だけでは、そもそもだまされたことに気付かないケースも多いでしょう。1人暮らし高齢者が狙われがちなのは、そんな理由も大きいのだろうと思います。

来客の確認と防犯も必要に

また、母の認知症が進行するにつれ、母ひとりで対応していると大事な用件が処理漏れになってしまうこともありました。記憶力は衰えてしまっていますが、人との会話には何の不自由もありませんし、おそらく玄関での短時間のやりとりだったら相手は認知症の初期とは気付きません。

ただ実際には「分かりました。やっておきます」と母が答えても、その後すぐに記憶から消えてしまうことも多々あります。なので、他の方に迷惑をかけてしまわないためにも、どんな来訪があったのか私が確認できたほうが安心です。

こんなご時世ですから防犯もしっかりしておきたいところ。空き巣や押し込み強盗の被害に遭う高齢者住宅のニュースはたびたび目にします。豪邸だけが狙われているというわけでもなく、押し込み強盗の被害金額が、お財布の中に入っていた現金数万円だけということもあります。誰にとってもひとごとではありません。

そして、家の中で緊急事態が発生したとき、近所の人の手助けなども借りやすくするため、玄関の「カギ」も遠隔コントロールしたい。そんな課題解決に役立つのが「玄関スマート化」なのです。

・母の知人や近所の人が来た時には玄関に出て応対してほしい
・怪しいセールスなどは母の代わりに私が対応して追い返したい
・母が寝ている場合も、私が代わりに来客応対したい
・どんな人が訪問してきているか確認したい
・高齢者１人暮らし狙いの犯罪ターゲットにならないようにしたい
・緊急事態が発生した時にカギを遠隔で解錠して、近所の人などに家の中に入って手を貸してもらいたい

5-2 遠隔来客対応できるスマートドアベル

☞ポイント

1. スマートドアベルがあれば、離れた場所からでもインターネット経由で来客対応できる。
2. スマホで応対できるので、飛び込みセールスなどを親に代わってお断りできる。
3. 玄関前のネットワークカメラとして防犯目的にも活用できる。

来客対応がぐっと楽になるスマートドアベル

「親に代わって来客対応できるようにしたい」「誰が来ているのか、親が玄関まで行かなくても簡単に確認できるようにしたい」ということであれば、ぜひ検討していただきたいのが「スマートドアベル」です。

Wi-Fi でインターネット接続されているので離れた場所からでも来客を確認でき、どの部屋にいてもスマホやスマートディスプレイで来客応対できるという製品です。

まず、玄関の前に人が近づいてくるだけで、動体検知してスマホやスマートディスプレイに通知が届きます。そしてスマホアプリやスマートディスプレイの画面で玄関前の映像を映し出し、来客対応できるというものです。

私の実家では 2021 年に初めてスマートドアベルを導入し、現在は２台目の「Ring スマートドアベル 4」を利用しています。スマートドアベルを付ける前からカメラ付きのドアベルでしたが、玄関前の映像を確認するには、キッチンの冷蔵庫脇の柱に取り付けたモニターを見に行かなければならず、母にとってはそれだけでも移動が大変だったのです。

スマートドアベルを付けてからはリビングのテーブル上のスマートディスプレイで玄関前のカメラ映像をいつでも確認できますし、母が寝ているときやデイサービスで不在のときは、私がスマホアプリで来客対応することもできます。

飛び込みセールスなども、「どういったご用件でしょうか」「うちは結構です」「必要ありません」とぴしゃっと回答すれば、何度も回ってくるということはなくなっていきます。実際スマートドアベルを入れてから、「たまたま通りがかったら屋根瓦が」的な怪しい飛び込みセールスの数は激減しました。

玄関前のネットワークカメラとしても使える

基本的な機能は、ネットワークカメラと一緒です。動体を検知すると前後数秒間の動画を自動録画する機能もついていますし、Alexa と連携させていれば、「アレクサ、玄関を見せて」と話しかけるだけで、玄関前のライブ映像をスマートディスプレイに映し出してくれます。

スマホアプリの設定で自動化することもできます。例えばデイサービスのお迎えが来る予定時間の 10 分くらい前から玄関前のライブ映像をリビングのスマートディスプレイで自動的に表示させる設定にすれば、外出準備を促すこともできます。

スマートディスプレイで見たスマートドアベルの映像

動体検知で自動録画する機能をオンにしておけば、怪しい人が家の中の様子をうかがっているような場合にも録画されます。映像が残っていれば警察にも相談しやすくなりますし、地域の防犯にもつながります。

また、もし場所の見当識障害が現れていて、外出先から家に戻れなくなるリスクがある場合でも、スマートドアベルがあれば外出・帰宅時にスマホに通知が来ますし録画もされるので、「帰宅していない」事態にも早めに気が付けるでしょう。

5-3 スマートドアベルは両面テープで貼るだけの簡単設置

ポイント

1. 遠隔でも来客対応できるスマートドアベルへの注目が高まっている。
2. 配線工事なしに両面テープ貼り付けで簡単に設置できる。
3. 公道や隣家など玄関前の環境に応じて設定を最適化できる。

「Ring Video Doorbell 4」

スマホアプリで来客対応できるスマートドアベルは、現在いくつものメーカーから販売されています。なかでも注目を集めているのが、Google が 2021 年に発売した「Google Nest Doorbell」と、Amazon のグループ会社「Ring」が 2022 年に日本での販売を始めた「Ring Video Doorbell 4」です。どちらもスマートディスプレイと連動させて利用できます。

また米国のホームセキュリティーカメラの人気メーカー Arlo 社からも「Arlo Essential ワイヤレスビデオドアベル」が発売されており、屋内の見守りや防犯カメラとして Arlo のネットワークカメラを利用しているなら、同じスマホアプリで利用できます。

価格はどれも 2 万円台。家の中に設置するチャイムは別売りとなっており、他に設置のためのオプションパーツなども用意されています。

設置は難しくなく、初めての人でも 30 分ほどで取り付けと初期設定ができます。

例えば「Ring Video Doorbell 4」であれば、本体と台座部分が取り外せるようになっているので、まずは台座を強力両面テープでドアに貼り付けます。そして本体をはめ込んで、小さなビスで留めます。設置作業はこれだけ。バッテリーは本体下部から抜き差しできます。

外壁にドアフォンが元々取り付けられていたのなら、それを取り外した箇所のネジ穴を利用して取り付けることもできます。そのためのキットも別売りで用意されています。

「そんな簡単な取り付けだと盗まれてしまうのでは？」と心配になるかもしれませんが、Ring Video Doorbell4 には盗難補償がつけられており、警察への被害届け出提出や最初に製品を購入した

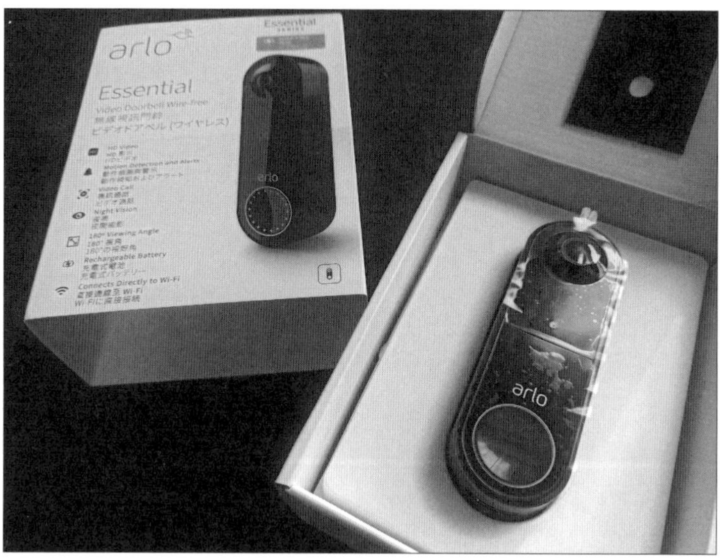

「Arlo Essentialワイヤレスビデオドアベル」

人などの条件を満たせば、無償交換をしてもらえます。Google Nest Doorbell も同様です。

バッテリーは、利用頻度にもよりますが 1 カ月以上もちます。来客も人の出入りも少ない私の実家では、一度充電すれば数カ月もちます。予備のバッテリーを買っておけば、それを充電しておいて差し替えるだけなので帰省時にすぐできて安心です。あるいは常時給電用のキットも別売りされているので、玄関先で電源が確保できるならそれを使う方法もあります。

「Arlo Essential ワイヤレスビデオドアベル」も、台座をドアや外壁に取り付け、そこに本体をはめ込む方式です。玄関前の防犯カメラも兼ねており、アプリで設定すればここから警報を鳴らす

Ringのスマホアプリのメニュー一覧

Ringのスマホアプリで玄関前の映像を見るところ

こともできます。

Ringのスマホアプリを使うとさまざまな設定ができます。例えば住宅街で家が密集している場合には、ご近所さんの玄関先が映ってしまうとプライバシー侵害になりかねないので、そこを自動で黒塗りにする機能などもあります。

また公道に面している場所だと、歩道の通行人に反応して通知が鳴りまくる可能性があるので、そんな場合には「モーション設定」で、動体検知するエリアを絞り込むこともできます。

初期設定では、アプリが最小限必要な設定だけを確認してきますので、画面の指示にしたがって選択すれば難しいことはありません。

スマートドアベルが玄関前で動きを検知するとスマホアプリに通知が来て玄関前の映像を見られます。過去の映像もカレンダーやフィルターで絞り込むなどして見ることができます。

動体検知の精度も良く、実家では門の前に車が止まるだけで反応してスマホに通知してくれるので、デイサービスの送迎スタッフの方と母が玄関前に着く頃にはアプリでライブ映像を再生し、「お世話になっています」「おかえりなさい」とあいさつをすることもできます。

5-4 近所の人との交流・情報交換にも効果あり

ポイント

1. スマートドアベルは親をとりまく人たちとの交流ツールになることもある。
2. 近所の人とも継続的にコミュニケーションできる。
3. スマートロックも導入すると配達された荷物を玄関の中に入れてもらえる。

スマートドアベルは使ってみるととても重宝します。例えば私の場合、こんな用途に使っています。

生協や宅配便の配達

実家は田舎なので、生協や宅配便、郵便局の配達担当のスタッフさんはいつも同じ顔なじみの方です。母がデイサービスで留守のときや、寝てしまっていて出ていくことができない場合は、一時的にスマートロックでカギを開け、玄関内に置いてもらっています。

玄関前に置いてもらうこともできますが、それだと母がそこから荷物を持ち上げて玄関の中に運び込まなくてはいけません。両手がふさがった状態で玄関に入り家に上がるのは転倒リスクも高くなりますし、まごまごしていたら猫が飛び出して逃げてしまう危険性もあります。

玄関の中まで入れてもらえれば、母がそこで段ボールを開けて中の荷物だけを取り出して持っていくことができます。

デイサービスのお迎えスタッフや派遣介護ヘルパーさんと情報交換

毎週決まった曜日にデイサービスやリハビリの送迎があり、介護ヘルパーさんもやってきます。チャイムが鳴る前に動体検知で私のスマホに通知が届きますので、それをチラ見すれば誰が来たかも分かります。

母がすぐに玄関に出ていける状態かどうかも室内のネットワークカメラで確認できるので、もし時間がかかりそうな状況なら、それをお伝えし、少し待ってもらうようお願いします。寒い時期や蚊が多いときは、先にスマートロックで解錠して中に入ってもらうこともあります。

母が出ていくまでの間、お迎えに来ているスタッフさんや介護ヘルパーさんとつかの間の情報交換などもできます。もし母が食事をちゃんととれていないかもしれないといった心配があれば、それを介護ヘルパーさんに伝え、体調や冷凍しておいたお弁当の在庫状況などを確認してもらうこともできます。

デイサービスでの様子などを教えてもらうこともできますし、持っていく荷物やあると便利なものなどの情報をデイサービスのスタッフの方から教えてもらうこともありました。

回覧板を届けに来てくれた近所の人や、様子を見に立ち寄ってくれた母の知人などとあいさつし、お礼を伝えることができるのも、スマートドアベルを導入したメリットのひとつです。

隣家の人は、私が実家を出てから引っ越してきた人なので、帰省時に軽く会釈をする程度の関係で、会話をする機会もほとんどありませんでした。スマートドアベルを通して会話をするようになったことから、帰省時にあいさつに伺って、いろいろ情報交換できるようになりました。この方は本当にいい人で、母が遠方の病院に間違って行ってしまったうえカギをなくして家に入れなくなったときにも助けてくれました。甘えすぎてはいけないのですが、どうしようもない緊急時には頼らせてもらおうと思っています。

母の友人ともつながり、今はLINEでも連絡をとりあえる関係になっています。1人暮らしの母を心配して、時々様子を見に来てくれるので、母が寝てしまっていて玄関に出ていかないときには、寝室のネットワークカメラから呼びかけて、その人が来ていることを母に知らせています。

5-5 スマートディスプレイで親の来客対応も楽に

ポイント

1. スマホやスマートディスプレイをモニター代わりにできるので便利。
2. スマートディスプレイで来客応対できるので焦って玄関に向かう必要がなくなる。
3. 動体検知で自動録画する機能があるので防犯にも活用できる。

従来のカメラ付きドアベルは、ドアベル本体と小型モニターがペアになっていて、モニターはリビングやダイニングルームなどの壁や柱に付いていることが多いと思います。

私の実家では、キッチンの冷蔵庫の横にモニターがありました。来客があると、リビングでテレビを見ていてもキッチンまで確認に行かないといけません。寝室など、もっと玄関に近いところにいても、来客をモニターで確認するには一度キッチンまで行く必要があり、ちょっと不便でした。

スマートドアベルにはセットのモニターは付いておらず、スマホがその代わりとなります。例えばスマホを浴室に持ち込んでいる人なら、入浴中でも来客確認や応対ができます。

スマートディスプレイも、スマートドアベルと連携させてモニターになります。Echo Showの場合、玄関に誰かが近づいてくるとまず「玄関に誰かがいます」と音声で通知が届き、さらに「アレクサ、玄関を見せて」と言えば、スマートドアベルのライブ映像が流れ始めます。単なる訪問営業なら歩行困難な母が無理して出ていくまでもありません。無視してしまってもいいですし、私が母に代わって「必要ないので結構です」とお断りすることもありました。

訪問してきたのが母の知人の場合でも、リビングで立ち上がる前に「時間かかるけどちょっと待っててね」と伝えられるので焦らず移動できます。母が廊下を移動している間に、私が相手に「今母が玄関に向かっていますのでちょっとお待ちください」と伝えることもありました。

私の実家では実践しなかったのですが、寝室にもスマートディスプレイを設置すれば、リビングと寝室どちらからでも画面を見ながら来客対応できるようになります。

スマートドアベルは、チャイムを鳴らさなくても動体を検知すれば自動的に録画を開始し、スマホやスマートディスプレイに通知を送ってくれるので、防犯カメラの代わりにもなります。玄関前で様子をうかがっているだけの怪しい人物がいればすぐ分かりますし、ときにはプロパンガスの配送や浄化槽の定期メンテナンスなど、ドアベルを鳴らさずに作業して帰る事業者スタッフの来訪がこれで分かることもあります。

5-6 今のカギに貼り付けるだけで使える簡易型スマートロック

ポイント

1. 後付けで簡単に鍵を遠隔操作可能にするスマートロックがある。
2. 親が倒れて動けないときなど、近くにいる人に家に入って手を貸してもらえる。
3. 他に宅配や生協の配達荷物を玄関に入れてもらうなど便利な使い方もできる。

後付けタイプのスマートロックなら賃貸物件でも使える

設置しておくと、緊急時に「助かった！」となるもの。それがスマートロックです。

ここまでいろいろな「スマート○○○」を紹介してきたので、どういった機能を持つものなのかはきっとお分かりでしょう。そうです、スマホで離れた場所からも施錠・解錠ができるというものです。

スマートロックは、一般個人の住宅ではまだ普及しているとはいえない状況ですが、法人での導入はかなり進んでいます。例えば大都市圏で急拡大している「レンタル会議室」。オフィスビルやマンションなどの空室を時間単位で貸し出すというビジネスが盛況ですが、いちいち人を張り付けてカギの開け閉めなど行うのは効率的ではないので、スマートロックによる管理にしているところが多いようです。同じ理由で、民泊や貸別荘でも玄関をスマートロックにし、宿泊者ごとに新しいナンバーを発行してメールで送信するといった運用が行われています。

玄関をスマートロックにするには、いくつかの方法があります。

1. 玄関のドアごと新しいものに交換
2. カギを丸ごと交換
3. 既存のカギの内側に貼り付けるスマートロックを導入

最も手軽でコストも抑えられるのは、3番目の「後付け型」です。強力両面テープで貼り付けるだけなので、設置工事などが不要なのもうれしいところ。未経験の人でも説明書を見ながらそれほど苦労せずに設置できます。

また外側は今までのカギのままなので、物理的なカギを差し込んでひねって開け閉めできますし、内側に張り付けたスマートロック自体にも物理的なつまみがついていますので、それを90度回転させれば開け閉めできます。つまりスマートロックを付ける前と大きな違いはなく手やカギで開け閉めできるので、親を戸惑わせることもありません。あくまで「緊急時などに遠隔からでも解錠・施錠できる」という機能が追加されただけで、それ以外は今まで通りの使い勝手なのです。

既存のカギのサムターン部分に貼付け

私の実家では、まず「セサミ4」というスマートロックを導入し、その後「SwitchBotロック」へと切り替えました。どちらも設置方法、使い方、使い勝手は一緒です。

カギの内側のつまみなどの部分を「サムターン」と言いますが、メーカーによってその形状はいろいろ。台座部分がかなり盛り上がっているものもあれば、取っ手がどの向きについているかもさまざまです。

この「セサミ4」は、そうしたさまざまな大きさ・形状のカギに貼り付けられるよう、その構造にいくつもの工夫がこらされています。まずアダプターは小さなネジによって高さを変えられるようになっています。つまみ部分を挟み込む部品も、幅が可変で高さも変えられます。

SwitchBotロックも同様に、自分の家のカギのサムターンに合わ

国内での評価も高い「セサミ4」（2023年8月時点の最新版は「セサミ５」）

せ、アダプターの高さを変えたり、貼り付ける向きを変えたりできます。

一度貼り付けたものを試しに剝がしてみたことがありますが、ドライヤーで温めながら慎重に剝がしたところ跡は全く残りませんでした。両面テープはかなり強力なので、貼り付ける場所の素材や状態によっては表面の塗装などが剝がれてしまう可能性もあり注意が必要ですが、賃貸の物件でも基本的には利用可能です。

セサミ4は、アプリをインストールしたスマホと本体の間でBluetoothによる通信を行い、スマホアプリ側から「解錠」「施錠」の指示を出すと、つまみを挟み込んだ部分が90度回転し、カギを物理的に開け閉めしてくれます。オプションでWi-Fiモジュール

SwitchBotロック

を購入し家の中に取り付けてインターネットと接続すれば、遠隔からの操作も可能となります。親の緊急事態用にということであれば遠隔操作は必須なので、Wi-Fi モジュールとセットでの購入が必要です。

SwitchBot ロックは、スマートリモコンなど他の SwitchBot 製品と共通のアプリを使うことができます。ワンタップするだけで開け閉めでき、手動で開け閉めした時の履歴も残り、遠方からでも現在カギが開いている状態か閉まっているかを確認することもできます。

SwitchBot ロックの便利な点は、手動、スマホアプリ以外の方法でも開け閉め可能な事です。オプションでナンバーロックを購入して玄関の外壁に設置しておけば、カギがなくても暗証番号を押して解錠したり、カードキーを使って鍵を開けたりすることもできます。

緊急時に近所の人や近くの知り合いに家の中に突入してもらう

私が実家に導入した目的は、「母が家の中で倒れて動けなくなった」ときの緊急レスキューです。

ネットワークカメラを設置すれば、遠隔での見守りは可能ですが、問題は緊急事態が発生したときです。近くに住んでいれば急いで駆けつけることもできますが、私の場合、横浜の自宅から片道 4 時間かかります。訪問介護ヘルパーの派遣をお願いしている事業所に合鍵を預けていましたが、何かあったときにすぐ人を派遣してもらえるとは限りません。また途中で訪問介護ヘルパー事業所を変えたところ、合鍵の預かりは NG になりました。

近くに母の兄弟姉妹や親戚もおらず、鍵を預けられる人もいません。実際、1人暮らし高齢者の家の鍵なんて預かる側だって負担です。よほどの関係でなければお願いはできません。

このスマートロックがあれば、何かあったときに遠隔解錠して、近所の人や母の友人などに家の中に入って状況を確認してもらうことができます。ベッドから落ちるなどして起き上がれなくなっているだけなら、ちょっと手を貸してもらえば解決しますし、脳疾患など重篤な病気の可能性もありそうということなら、救急要請もお願いできます。

宅配便や生協の宅配などは顔なじみの配達員さんなので、母の不在時には私がスマートドアベルで応対した後、スマートロックを遠隔解錠して、玄関の中に荷物を入れてもらうこともあります。そうすれば帰宅した後の母が荷物を運び込む必要がなくなり、転倒リスクを減らせます。

「スマートドアベル」と「スマートロック」――。どちらもここ数年で新しい製品が次々発売され、買いやすい価格になってきました。防犯の観点からも、近くにいる人たちと連携して親をサポートしていくという観点からも、欠かせないものだと思います。そして、高齢者宅に限らず実に便利な製品なので、まずはご自宅で導入して使ってみて、「うちでも便利だったから」と親を説得して導入に持ち込む作戦もおススメです。

在宅しているように見せかけることもできるスマートホーム

入院や施設入所などで長期間、実家に誰もいなくなってしまうこともあるでしょう。無人状態だと空き巣に入られないか心配ですし、仮に侵入があっても被害に気付きにくいという課題があります。

そんな心配にもスマートホーム化が役に立ちます。ネットワークカメラには、人が前を通れば動体検知して自動録画する機能がありますし、スマホアプリで設定しておけば、動体検知をすぐにスマホに知らせてもらえます。

長期無人状態であることを、悪意ある人たちに悟られないようにすることもできます。在宅しているように見せかけるのです。スマートリモコンを使って、毎晩日没後に自動設定でリビングの照明を一定時間つけることや、屋外用のネットワークカメラに付いているライトを設定した時間に自動点灯させるなどができます。また、除湿器やエアコンなどを時折稼働させることで、梅雨時期に部屋の除湿を遠隔で行うこともできます。

空き巣犯が事前リサーチで、営業を装って玄関のチャイムを鳴らすケースもあるそうです。そんなときでもスマートドアベルを導入しておけば遠隔から来客対応できます。もちろんその家にいないなんてことをわざわざ言う必要はありません。

第6話

親が元気なうちに準備できること

いつから「親の見守り」を始めればいいのでしょう。将来の本格的な介護に向け、どんな準備ができるのでしょうか。重たいテーマなだけに親に切り出すのもためらわれ、悩んでいる方もいるでしょう。親ともめずに「近い将来への備え」をスムーズに進める方法を考えてみます。

第6話
「アレクサ、長い間母をありがとう」
今日は
片付け
がんばらないと
幸子さん、
おはようございます
よく眠れましたか？
今日もいい一日に
なるといいですね！
今日は5月20日、金曜日です
今日は1件の予定があります
9時にデイサービスへ出掛けます
アレクサ？

そういえばアレクサは
みさきがいろいろ
設定してくれてたな…
月曜の予定は…
今日は
デイサービスです
9時にお迎えが…
たまには
変わり種なんか
やっちゃおう
幸子さん
今日は何の日ですか？
アレクサ、
いつもありがとう
どういたしまして
おかあさん、
薬飲んだ？
これから
飲むところよ
幸子さん、お薬の時間です
ああ、そうだね
ありがと

私が言うより
アレクサに言われた方が素直に聞く母
アレクサはすっかり母のお気に入りになっていた
アレクサがね、話す内容がどんどん増えていくの
質問するとね、一生懸命答えてくれるのよ
昼寝してると「晩ご飯の時間ですよ」って起こしてくれて…
分からないと「ごめんなさい」って謝るのよ かわいいよねぇ
アレクサ、長い間母を支えてくれて
おかあさん…
母の相棒になってくれて
本当にありがとう

6-1 前倒し導入で いざという時にスムーズ

ポイント

1. 前もって実家スマートホーム化を進め、いざという時に備える。
2. 見守りが不要でも「防犯」「孫との対話」などの切り口で導入が可能。
3. 導入説得のためには、親にとってどんなメリットがあるかを伝えて納得してもらう。

実家スマートホーム化は「生活の質」向上にも役立つ

本書を手にしてくれた方の中には、まだご両親ともに健在なものの「将来、必要になるかもしれないから」と考えている方もいらっしゃることでしょう。親の介護や認知症といったヘビーな問題は、気にはなっていても考えるのを先送りしてしまう人が大半です。そんな中で、目を背けることなく情報収集を前もって行おうという姿勢は本当にすばらしいと思います。

Xデーはある日突然やってきます。私もそうでした。長らく体調不良だった父の健康状態が悪化して緊急入院となり、病院に泊まり込みで付き添っている間に、今度は母が重度の腰痛で寝たきりとなり（のちに背骨を圧迫骨折していたことが判明）、家と病院を往復しながら一人プチパニック状態になりました。

当時、二人とも介護認定は取っておらず、相談するケアマネジャーさんもいなかったので大変でした。病院で呼吸困難に陥っていた父のそばに付き添いながらも、実家の母のことが気がかりで仕方なかったものです。

本書で紹介しているグッズの中には、元気なうちから使って慣れておくといいものもあります。導入することでQOL（Quality of life＝生活の質）を高め、加齢による不便さ・不自由さを解消してくれるものもあります。スマートリモコンはその一つです。うまく活用すれば、エアコンの遠隔・自動操作で冬の早朝に寒い思いをせずに済むようになり、エアコンの消し忘れを防いで節電にもなります。

生き生きした脳を維持するためにはコミュニケーションが有効です。帰省していなくてもいつでも顔を見ながら会話ができ、孫とも交流できるスマートディスプレイは、高齢の親へのプレゼントとして人気が高いそうです。

そして「防犯」という切り口も、導入を渋られそうなときには有効です。「最近物騒だから心配で」と訴えればネットワークカメラも導入しやすくなります。そうでなくいきなり「見守り用」として導入を迫れば、年寄り扱いするなと拒絶される可能性もあります。

将来の「スマホ見守り」の布石として、まずは直近の親の生活の利便性アップや防犯のために、実家のスマートホーム化をプランニングしてみませんか。

メリットを感じて積極的に使ってもらうことが大事

親の介護への準備を先送りしてしまう人が大半と書きましたが、

「まだ大丈夫だろう」とつい準備を怠ってしまうのは子供側だけではありません。今は元気な親も、将来に訪れる本格的な「老い」に向け何かしておかなくてはと思いつつ、現実を直視できず重たい腰を上げられずにいるかもしれません。

それはそうですよね。自分自身が認知症を発症したり、寝たきりになったり、夫婦二人のうちどちらかが先立って残ったほうが1人暮らしになってしまったりなんて、考えるだけでため息が出ます。憂鬱(ゆううつ)でそれ以上考えたくなくなるのも当然でしょう。

親とそういった話をできる状況ならいいのですが、難しそうならあまり無理して切り出さなくてもいいと思います。違う角度からの提案で、将来に備えた体制作りをすることを考えてみましょう。

大事なのは将来の不安をあおるのではなく、また「見守る／介護する」側である自分たち子供側の都合を持ち出すのではなく、親が今の日常生活においてメリットとして感じてもらえる要素をしっかりアピールするのです。「便利だ」「これがあれば快適になる」と感じてくれれば積極的に使ってもらえますし、親子関係を無駄にこじらせることもありません。

そのために必要なことはまず「観察」です。困っていることはないか、重荷になっている家事やルーティンは何か、導入することで快適になったり便利になったりモノやサービスはないか。加齢とともに身体を動かしにくくなったり、視力が落ちたり、若い時ほど根気が続かなかったりすることで、なおざりになってしまっていることや、やり漏れてしまっていることなどもあるかもしれません。

そうしたことを見つけたとき、いちいち指摘するとケチをつけられたと感情を逆なでしてしまうこともあります。代わりにできることや手伝えることであれば「やっておくよ」「手伝おうか」などと言って作業に参加し、そのうえで楽になる方法などを提案してみるのもいいでしょう。

メリットを感じてもらうには「タイミング」も重要な要素になってきます。何もないときに「ネットワークカメラやスマートリモコンを導入しようよ、将来のために」と提案しても、そんなの要らないと一蹴されて終わってしまうかもしれません。例えば、両親を招待しての家族旅行を企画し、その直前に「ペットの見守りと留守中の防犯のため」として導入すれば、実際に旅先からペットの様子を見たり、エアコン遠隔操作で室内温度を一定に保ったりして、導入メリットを実感してもらいやすくなります。

偉そうに書いていますが、私自身は導入初期に、親とのあつれきを何度も生じてしまいました。今思えば、「親のためだから」と言いながら、実際には自分の都合や考えを優先し、親の気持ちを軽視して強引に押し付けてしまうところがありました。反省しています。

言い方やタイミングなどをちょっと工夫するだけでコミュニケーションはスムーズにいくし、親がきちんと納得して受け入れることが何より大事です。認知症の初期症状が始まったからといってその大事さは変わらないのだということに気付いたのは割と後になってからでした。

6-2 顔を見ながら対話できるスマートディスプレイ

ポイント

1. スマートディスプレイでのビデオ通話は「バーチャル同居」感覚も味わえる。
2. ニュースや株価の読み上げなど、視力が弱った人にも便利な使い方がある。
3. 映像コンテンツを楽しめるスマートディスプレイは自宅療養の備えにもよい。

元気なうちに親へプレゼントとして使ってもらうのにベストな製品が、カメラ付きでビデオ通話も簡単にできるスマートディスプレイです。

先に紹介したケースは、親側が応答アクションをしなくても勝手にビデオ通話が始まる「呼び出し」機能を使ったものでしたが、ご両親も元気で簡単な操作は問題なくできるのであれば、その機能は使う必要がありません。

親のアカウント、自分のアカウントを分けておいて、通常の電話と同じように「応答」アクションをして初めて通話できるようにしておきましょう。

テレビCMなどで、スマートディスプレイをのぞき込んで孫や

Echo Showを使ったビデオ通話

息子・娘夫婦と会話をしながら笑顔の高齢者が登場したりしますが、正直「スマホのビデオ通話でも一緒では」と思っていました。

実際に使ってみて分かったのですが、基本1対1での会話となるLINEの通話機能などスマホのビデオ通話とは違います。最近はZoomなどでオンライン会議を体験している人も多いと思いますが、電話で誰かと話をするのと、Zoomを使って複数人で会議をするのとの違いをイメージしてもらうと早いかもしれません。

テーブルの上に置いたディスプレイにお互いの家の中が映し出され、向こうには両親二人、こちらには自分と子供のように複数人でより自然な会話が楽しめます。かわいい孫の顔が見えるというだけでもきっと喜んでもらえるでしょう。

2つの家のリビングがバーチャルにつながったような感覚が味わえるのもスマートディスプレイならではです。会話し続けなくても夕食時に食事を食べながら、テーブルの上に置いたスマートディスプレイで交流することもできます。

新型コロナ禍では、帰省がなかなかできず、子供が成長していく様子を親に見せてあげることもできずにもどかしい思いをしていた人もいるでしょう。入院してしまうと面会もままならず、そのまま今生の別離となってしまうケースもありました。

一方で、スマートディスプレイなどを双方の家に導入している人は「毎週のように顔を見ながら話しているから、帰省しても久しぶり感すらない」とも言います。

またいつ、新しい感染症の流行で人の往来が制限されるときがこないとも限りません。そんなときのためにも、バーチャルで対面コミュニケーションしやすいアイテムを導入し、それにお互いが慣れておくことは大事なのではないかと思います。

スマートディスプレイにはビデオ通話以外にも用途はたくさんあります。

老眼が進めば、近い場所の細かい文字を読むことが苦手になっていきます。例えば新聞。株式欄から目当ての銘柄の株価を探し出すのに苦労している人もいるかもしれません。

Alexaには、最初から使える基本的な機能に加え、「スキル」という後から追加できる機能がいろいろあります。スマホのアプリのようなものだと思ってもらえばいいでしょう。違うのは、「声で簡単に操作できる」ところです。ニュースや株価も声だけで聴くことができます。

例えばネットでラジオを聴くことができる「ラジコ」。この

Alexaスキルを入れておけば、「アレクサ、ラジオでニッポン放送をつけて」などと言うだけ。時間を指定して自動的に流れるようにすれば、ラジオを目覚まし代わりにすることができます。

Alexaは脳の活性化にも使えます。例えば「しりとり」。これはAlexaでもGoogleアシスタントでも無料でできます。Alexaの場合には「アレクサ、しりとりをしよう」と話しかければ始まります。声だけでやりとりできるので、ちょっとしたすきま時間に気軽にできます。

けがや病気で、一時的に自宅で寝たきり生活となってしまうこともあるでしょう。声だけでいろいろ楽しめるAlexaのスキルであればベッドでも楽しめますし、映画やドラマだって見ることができます。

YouTubeやNetflixの他、スマートディスプレイに搭載されているブラウザーを使えば「NHK＋（プラス）」も視聴できます。見逃し配信なら、ニュースやテレビ体操から大河ドラマまで一定期間無料で楽しめますので、寝室にわざわざテレビを置かなくても、スマートディスプレイが一台あれば、寝たきりでも退屈せずに済むかもしれません。新型コロナやインフルエンザなどで、家族への感染を防ぐために、一定期間生活を分ける必要が生じたときにも、きっと重宝するはずです。

6-3 防犯やペット見守りのためのネットワークカメラ導入

ポイント

1. 将来の見守りも見越しつつ、まずは防犯用としてネットワークカメラを導入する。
2. 親がペットを飼っているなら、外出時や旅行時の見守りとして使ってもらえる。
3. 病室から家の中の様子も見ることができ、それが心の癒やしになることも。

私の実家では、本格的に見守りが始まる３年前からネットワークカメラを導入していました。そのころ難治性の型の血液ガンだった父親が入退院を繰り返していたため、私の中では「いずれ親の見守り用に」という気持ちが強くありました。

ただ、いきなり「年老いたお父さんやお母さんを見守るために」なんて言ったら反発されたことでしょう。特に父は、病気の影響もあったのか、非常に気難しく怒りっぽくなっていました。

そこで、「最近は物騒になってるし」「留守中に空き巣が入って何か盗まれても気付かないままになる可能性もある」なんて話をしながら、父親と一緒に設置しました。この角度なら、サイドボードを物色している姿もしっかり映るよねなんて話をしながら。

父と一緒に防犯用としてネットワークカメラを設置

「ま、近い将来お母さんが１人暮らしになったら、生きてるかどうかこれでチェックしてやってくれな」なんて、笑って冗談めかしながら言ってきたのは父のほうでした。

その後の家族旅行では、留守宅に置いてきた猫の様子を確認するのにこのネットワークカメラが大活躍してくれました。最初はちょっと渋っていた母も、スマホアプリで外出先から猫の様子をチェックすることが新しい習慣となりました。

父は在宅療養の後半、自宅でほぼ寝たきりの状態となりました。私も同居しながらサポートしていましたが、夜中にトイレに行こうとベッドから落ちて動けなくなることが何度もあったので、本人の許可をとって１台を寝室に移動し、2階の部屋にいる私がちょこちょこスマホアプリでのぞいては、無事ベッドの上で寝ていることを確認していました。

仕事で実家を離れているときでも、そのカメラを通じて父親と会話ができるので、「体調どう？」「明日には帰るから」などこまめに話をしていました。その頃は新型コロナ禍で、一度入院すると面会も難しくなっていたため、ギリギリまで自宅で過ごせたのは良かったかなと思います。

父は、最後の数カ月を病院の緩和ケア病室で過ごしました。もともと足の悪い母の世話や家事も父がしていたので、面会に行くとまず出てくる言葉は「お母さん、大丈夫か？」でした。そんなときにも、私のスマホでネットワークカメラのアプリを開き、家の中の様子を見せることができました。

テレビを見ながら大きなあくびをする母、その膝にちょこんと座って甘える猫。ごくごく平凡な日常生活のワンシーンを、父はほほえみながらじっと見ていました。今考えても、あのときにネットワークカメラでライブ映像を見せてあげることができたのは良かったなあと思います。

本人はもう帰宅できず最期を迎えることを覚悟していたと思いますが、映像を通してひとときでも、人生の大半を過ごしてきたわが家に戻った感覚を味わえたような気がします。

2021年8月に父が他界した後には、ゆっくり悲しむ暇もなく母親の認知機能低下にともなうトラブルが相次ぎました。仕事も抜けられない状況だったので週2日の休みのたびにとんぼ返りするしかありませんでしたが、幸い防犯用として設置していたネットワークカメラがあったので、遠隔でも実家の中の状況をある程度把握することができ、ケアマネジャーさんや派遣介護ヘルパーの方に助けてもらい、なんとか乗り切ることができました。

6-4 スマートドアベルも高齢の親へのプレゼントに最適

ポイント

1. 押し込み強盗などの対策にも、チャイムだけでなくスマートドアベルなどを付けるのがお薦め。
2. ケーブルレスの Wi-Fi 接続型防犯カメラなら、素人でも設置が簡単。
3. まずは自分で使ってみて「便利だったから」と親にプレゼントしたり薦めたりしてみる。

もし実家の玄関がカメラのない「チャイム」だけであれば、防犯のためにもスマートドアベルの導入を強くおススメします。もちろんネット接続機能がない従来型のカメラ付きドアベルでもいいのですが、価格もそれほど大きな違いはありませんので、将来的なことも考えればスマートドアベルが賢い選択かなと思います。

ただ「将来おやじが認知症になって、リフォーム詐欺とかに引っ掛からないか心配だから」なんてストレートに言ってしまうとケンカになりかねません。もしご両親のどちらかがスマホを使っているのなら、「外出中でも来客に応対できる」「家の中のどこにいてもスマホで玄関前を見ることができる」メリットを強調しましょう。

スマホがなくても、スマートディスプレイを組み合わせれば、

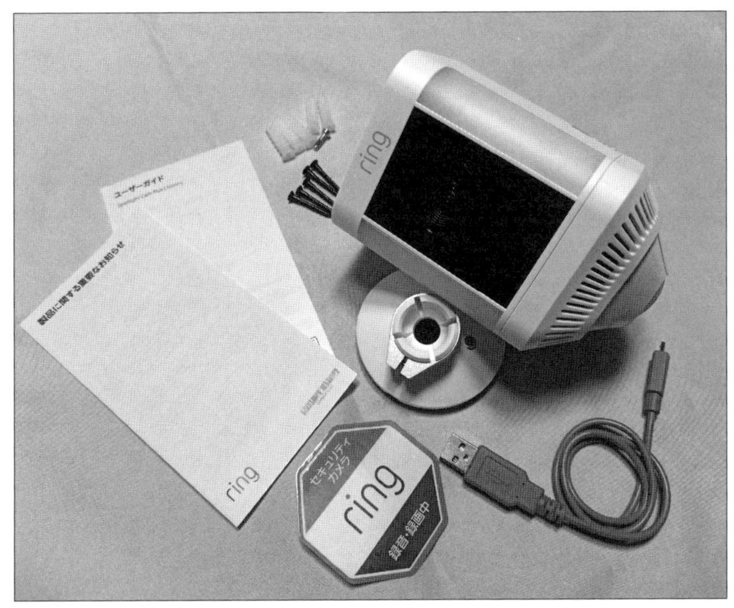

強力ライトも内蔵した屋外用カメラ「Ringスポットライトカムプラス」

リビングで玄関前を見ながら玄関と応対できます。宅配やガス点検などといって玄関を開けさせて家に侵入する強盗もいます。本物か偽物かの識別は難しいこともありますが、映像があったほうが怪しさに気付きやすくなります。またスマートドアベルがもう少し普及すれば、「このドアベルは、玄関前に人が現れると自動で録画開始して、インターネット上のクラウドに一定期間映像を保存するタイプで危険だ」と、強盗側が避けてくれることもあるでしょう。

そんな強盗・空き巣などの抑止効果という点では、防犯カメラの設置もありだと思います。

最近の防犯カメラは完全ケーブルレスで、業者に依頼して配線を含む設置工事を行う必要もなくなっています。

例えば写真のRingスポットライトカムプラスという製品は、ネットワークカメラと基本は一緒で、屋外で利用でき、強力ライトを内蔵していて人を検知すると自動的に点灯してくれます。本体の中にバッテリー２個挿入すれば給電のための配線は不要になり、またソーラーパネルとセットで買えばバッテリー交換も不要になります。

Wi-Fi経由でインターネット接続させるので、完全ケーブルレス。外壁や玄関前の柱などに台座をネジで固定すれば、あとは本体を差し込むだけなので、素人の自分たちでも設置が可能です。

導入を薦めたり、プレゼントして使ってもらったりするのに説得力があるのは、「自分が使ってみたらとてもよかったからお父さん・お母さんにも」というトークです。

スマートドアベルもスマートディスプレイも、使えば日々の生活が楽で快適になる本当に便利なアイテムです。まずはご自身で使ってみて、そのメリットを体感してからご両親に提案というのがいいのかなと思います。

大事なのは、不安をあおるようなトークで親に導入を迫ったり、利用を強引に押し付けたりするのではなく、「便利」「楽になる」「楽しい」といったポジティブになれるメリットをきちんと説明して、納得してもらい、積極的に使ってもらうことです。

■エピローグ

「もっと多くの人に知ってもらうべきだ」と母は言った

「ふみこさん、おはようございます。8月31日木曜日、午前6時25分です。今日の予定は2件あります。午前8時45分にリハビリセンター……」

実家の一階に降りてきた私の耳に飛び込んできたのはAlexaのほん分か柔らかい声。

いつも母が座っていた席のクッションでは猫が丸くなっていて、私に気付くと薄目でこちらを見上げました。

「あら、もう木曜日？　時間がたつのが早くて嫌になっちゃうわ」

そんな母の声が聞こえてきそうです。母はAlexaから話しかけられると、よく声を出して反応していました。寝る前に「アレクサ、今日もありがとう」とお礼を伝えていることもありました。するとAlexaもこう返します。

「こちらこそ。お役に立ててよかったです！」

この本を執筆していた2023年8月23日、母は病院で他界しました。前年末にあまり食事を取らなくなったので、「お正月に調子悪くなってもいけないし、今のうちに病院で診てもらおうか」と一緒にタクシーで近くの病院に向かったところ緊急入院になってしまい、その後敗血症で生死の境をさまよい、新型コロナに院内感染して長期隔離となって、自力で食事をすることもできなくなりました。

回復の見込みはなく、いつ容体悪化するか分からない――。

そう言われた後、病院にかなり無理を言って一時退院させても

らった時の写真がこれです。

自宅滞在が許されたのはわずか6時間ほどでしたが、なじみの美容師さんに来てもらって髪をすっきり切りそろえ、昔の写真アルバムを一緒に開き、最後は並んで無言のまま庭をしばらく眺めていました。その間、猫はずっと母の膝の上に座りっぱなしでした。

母が旅立ったのはそれから2か月半後、父が他界してから2年後でした。

今、私が使っているスマートディスプレイ「Echo Show 10」の画面には、ここ数年の間に母と一緒に撮った写真がローテーション表示されています。病院帰りのレストランで店員さんに撮ってもらったものや、車いすで温泉旅館に行った時のもの、新型コロナで外出が難しくなったときには、庭で一緒にバーベキューして記念撮影したりもしました。

母が 2015 年に腎臓病で入院・手術して食事制限が始まり、2017 年に父の難治性悪性リンパ腫が判明した頃から私の断続的な遠隔見守り＆介護生活が始まりました。本格化したのは父の他界後です。大変なこともたくさんあったけど、こうして母と一緒の写真を見ていると、最後に親と楽しい思い出をたくさん作れたのはよかったなと思いますし、車いすの上で笑う母親の写真を見ると、後悔の気持ちも少し薄らぎます。

そう、私は悔やんでいるんです。

こんなに早くいなくなってしまうなら、もっと一緒に時間を過ごせばよかった、もっと旅行に行けばよかった、腎臓病や血糖値に多少響いたって、もっと好きなものをいっぱい食べさせてあげればよかった、もう少し優しくすればよかった、あんなにうるさく言わなければよかった……。

私が、同居生活を先送りして遠隔見守り＆通いでのサポートを選んだのは、母の介護生活はこの先何年も続くことになるだろうと覚悟していたからでした。かろうじて家の中を歩いて移動し、一人でトイレに行ったり、冷凍庫のお弁当を電子レンジで温めて食べることができるくらい自立した生活を送れる間は、私も仕事をしたり自分のことにも時間を使えるようにしておこうと思ったのです。どっぷり介護の生活に入るのは、母が一人ではどうしようもない状態になってからでいいかなと考えていました。

「母の独居生活がたった２年なら、一緒に暮らせばよかったな」と、今なら思います。でも実際にはもっともっと長くなっていた可能性もありますし、いずれ老々介護となったかもしれません。自分を犠牲にして介護に明け暮れる生活をしているという気持ちが自分の中に芽生えてしまったら、ストレスを母にぶつけていたかもしれません。実際、スマホ見守りを開始する前の自分は、母の認知症進行とともに多発するようになったハプニングにいら立ち、「母のため」と言いながら、母の行動を過剰にコントロールしようとしていました。それが母のプライドをも傷つけていたと思います。

そう考えると、頻繁に帰省してはいましたが、スマートホーム製品も活用した遠隔スマホ見守りの生活を選択したのは正しかったのかもしれません。導入後は、私自身の不安やいら立ちも、親に口うるさくいう回数もぐっと減り、二人の関係も穏やかなものとなりました。

母も、声だけでテレビやエアコンを操作できるスマートリモコンや、どんな質問をしても答えてくれ、歌手の名前を言えばコンサート映像などを探し出して再生してくれるスマートディスプレイをとても気に入ってくれました。

「カーテンを開けて」と言うだけでカーテンが開く仕組みは、知り合いが来たときには毎回披露して驚かせていたようです。「すごい」「こんなことができるなんて」と言われ、ちょっとうれしかったのかもしれません。「娘がね、心配していろいろ付けてくれるの。ほら私は足が悪いから」そう言った母はちょっと自慢げだったと後に聞きました。

私が「実家スマートホーム化情報館（のちに「見守りテック情報館」に改名）」というサイトを作って情報発信していることを伝えると、「こんなに便利なものはもっと多くの人に知ってもらうべきだ。写真ならいくらでも協力するから」とも言ってくれました。

この本も、できた後に見せてびっくりさせようと思っていたので、その機会が失われてしまったことはちょっと残念です。

「見守りテック」が長寿＆超高齢化社会で不可欠な存在に

私自身の「スマホ見守り」生活は終わりましたが、IT 製品やサービスを組み合わせ、より楽に、そしてより快適に高齢の親を見守りその生活をサポートする「見守りテック」を多くの人に知ってもらう活動は、今後も続けていく予定です。

なぜなら、それによって私と母が救われたからです。

「見守りテック」とは、日経 MJ 紙面の連載コラムでスマホ見守りを紹介してくれた村山らむねさんが名付け親で、高齢の親の見守りに活用できる IT 製品やサービスの総称です。

似たようなものとしては、高齢者の生活や健康を支える IT 技術「シニアテック」あるいは「エージテック」といったものがあり、世界的にも今、高い注目を集めています。日本同様、高齢化が深刻な社会課題となっている中国では、介護にも先端テクノロジーが積極的に投入されているそうです。日本の介護現場はまだまだ人力依存ですが、IT 技術を組み込んだサービスを提供する介護福祉事業者や、IoT 設備が売りのシニアマンションなども登場し始めています。

少子化解決の糸口も見えないまま、この先もさらに超高齢化は加速していきます。介護の現場では深刻な人手不足もあり、人力に頼った今の体制の改革は不可避です。

今は人が定時巡回し、人の目で点呼や行動チェックをしなければいけないことも、いずれ AI による異常検知などで大幅に省力化できるでしょう。体温・血圧・心拍数も、一人一人対面で測定するのではなく、計測データが常時ネットワークで共有される時代になります。そうしたテクノロジーを生かさなくては、介護も医療も人手不足でパンクしてしまいます。

同じことは個人にも当てはまります。一人っ子同士が結婚すれば、二人で最大四人の親を見守り介護する必要が出てきます。重なれば大変ですし、逆に時間差で長期にわたって親の世話をし続ける生活というのも、それはそれでハードです。

テクノロジーの力を借り省力化できる部分は省力化することで、気持ちにも時間にもゆとりが生まれますし、人力ではどうしても確認漏れや勘違いなどミスが発生して異常事態の発見が遅れてしまうことも、センサーなどによって確実に通知を受け取ることができるようにすれば、より安全です。一人だけが重たい負担を背負うのではなく、複数人が共同して見守りサポートするためにも、そうしたシステムが欠かせません。介護事業者との連携もスムーズになります。

私自身も実際、そうした製品に大いに助けられましたし、結果として心のゆとりがうまれ、母と良好で穏やかなコミュニケーションができるようになりました。

介護ロボットの開発・実用化も進む

AI 技術の急速な進化と同時に、ロボットも身近な存在として生活の中に入り込んできます。特に介護ロボットは国をあげて開発に取り組んでいる分野で、実証実験や実用化も始まっています。

ロボットというと、どうしても「鉄腕アトム」的なイメージも抱きがちですが、実際に開発されているものは、もっと目的も機能も絞り込んだ製品が多いようです。本書で紹介した「指ロボット」は、実家リビングの壁スイッチに両面テープで貼り付けた小さな箱です。母が「アレクサ、電気をつけて」と言うと、中から短いアームが伸びてスイッチをぽちっと押し、天井照明をつけてくれました。

ちなみに私が欲しいなあと思っていたのは「腕ロボット」です。背骨の圧迫骨折で腰が曲がった母は、トイレの後にパンツやズボンを引き上げるのに苦労していました。それが原因で尿漏れパッドがずれてしまうこともあるので、私の在宅中は手を貸していましたが、そのことを母は内心で申し訳なく、そして恥ずかしく感じていたようでした。もし腕ロボットがあって、母がトイレから出たときに背後からさりげなくアームを伸ばして、ズボンを数か所そっとつかんで引き上げてくれたら、母の苦労も羞恥心も解消していたでしょう。私も、母に恥ずかしい思いをさせたいわけではないので、助かります。

そんな「腕ロボット」ニーズを抱えているのは、私と母だけではないはずです。身体が思うように動かせなくなれば、少し離れた場所にある物をとるのだって大変なこと。いずれ「そこのしょうゆをとって」「これでしょうか？」「そうそう、ありがとう」なんて会話で、しょうゆさしを運んでくれる小さなロボットが食卓を走り回ってくれると信じています。

そして、家の中でしっかり安否確認をしてくれ、転倒した親に手を貸して起こしてくれるロボットも登場することでしょう。いや、もしかすると転びそうになった瞬間に支えてくれるシステムができるかもしれません。

テクノロジーを活用し、自立した生活ができる期間をもっと伸ばす

介護ロボットが一般家庭でも使えるようになり導入が進むと、「親の世話を機械にやらせるなんて」といった声もあがってくるかもしれません。ただ実際のところ、排せつサポートなど「家族を含め誰かに面倒をみてもらうことへの心理的抵抗」があることも多く、ロボット化によっていつでも好きな時に気兼ねなく頼める環境になることは本人にとってもプラスです。

今日が何日で何曜日で、次の病院の診察予約がいつなのか、娘の私に聞くよりAIアシスタントに質問するほうが、母にとってはずっと気が楽だったようです。まあそれは、同じことを何度も聞かれると、次第にイラっとする気持ちが顔に表れてしまう許容度の低い私に原因があるのですが。

AI技術や介護ロボットによる高齢者支援の環境が整い、本人が主体的に自分に必要なサービスを導入し運用できるようになれば、人による「補助」や「介護」なしで自立した生活を送れる期間が今より延びるかもしれません。

失われた身体や脳の機能を代替してくれるテクノロジーは既にいろいろあります。人間の視覚に代わって、目の前に展開する風景を分析し声で解説したり、メニューや看板の文字などを読み上げてくれるサービスはスマホアプリで利用できます。5G（第5世代移動通信システム）の高速大容量通信インフラが整備され、自動車の「レベル5」の完全自動運転が実現すれば、アクセルとブレーキの踏み間違えによる悲惨な事故も、免許返納を巡って高齢の親子がお正月に口論することもなくなっていくのでしょう。

スマートホームの街版である「スマートシティー」では、身体

が自由に動かなくなった高齢者でも、安全に乗れるモビリティーを活用して、一人で好きな場所に自由に移動し、そして再び安全に自宅へと戻ってこられるようになります。認知症で行方不明になった高齢者を探すため、近所の人が総出で名前を呼びながら走り回るなんてアナログなこともなくなります。徘徊（はいかい）を防ぐために、家族が本人を軟禁状態にしてしまうこともなくなるでしょう。

AIに対しては、過渡期ゆえ「人の仕事が奪われ貧富格差拡大につながる」と危惧を抱く人も少なくありませんが、老後が既に視界に入っている私たち中高年にとっては、衰え低下してゆく心身の機能を補いサポートしてくれる心強い存在になってくるはずです。AIを外部脳として活用できれば、軽度の認知症程度ならそれほど不自由な思いをせずに済むかもしれません。

誰もが手軽にIT活用し快適な老後を暮らせるようになるのはいつ？

問題は、高齢者が手軽にそうした先端技術を活用して生活できるようになるまでに、どれくらい時間がかかるのかということです。

以前ネットメディアで、実家スマートホーム化をテーマとした記事を連載したところ、こんなコメントが寄せられました。

「高齢者が自身で取り入れるにはハードルが高い」

「必要になった時にこの仕組みを構築できるだろうか、独身者の自分は」

現状、70～80代で自宅を自力でDIYスマートホーム化できる人はあまりいないでしょう。自動化も音声操作もスマホアプリでの設定なしには使えず、慣れていない人にはそのハードルが高いのです。また認知症になってしまった場合、症状の進行という問題もあります。だんだんと、転倒しやすくなったり、家事が難しくなっていったり、抱えている課題も変化していきます。それに応じて製品や設定を変えていくのは本人では難しいでしょう。

子供がサポートするにしても、スマートホーム化が未経験だと最初はちょっと戸惑いますし、うまくいかないこともあります。個人的にはケアマネジャーや介護士などがこうした見守りテックに関する知識をつけ、利用者の導入をサポートしたり、カウンセリングから導入、その後の運用までを丸ごと引き受けたりしたらスムーズに導入できるのかなと思います。

実はそこに向けた動きも始まっています。内閣府が取り組む2023年度からの「戦略的イノベーション創造プログラム（SIP）」の課題の一つに「包摂的コミュニティプラットフォームの構築」があり、研究内容には「在宅でのケア革新（2040年問題の克服）」も含まれています。具体的な内容は、高齢者の暮らしをデジタル技術でサポートし、離れて暮らす家族とまるで同居しているかのような「デジタル同居」を実現するというものです。民間企業などが参画しての研究開発も始まっており、私自身も「高齢者と遠隔家族をつなぐデジタル同居サービスの開発」というテーマの“人材育成プログラム”のワーキンググループに参加させてもらっています。

2022年には、スマートホームの新しい規格である「Matter（マター）」が策定され、異なるメーカーが開発する製品をスムーズに連携させる環境が整いました。これによって多くのメーカーが、スマートホーム市場に参入することが予想されており、その中には高齢者とその介護を行う家族をターゲットにしたものも出てくると思います。

今はまだ、私のささやかな取り組みが新聞で紹介され本になるほど「IT 活用で親を見守る」ことが珍しいのですが、近い将来、むしろ IT 技術なしでどうやって介護や遠隔見守りをしていたのか不思議になる時代が訪れるはずです。

IT技術を活用し自立した生活を継続できる“スマートシニア”を目指して

前述のネット記事にはこんなコメントも寄せられていました。

「こういうのを自分で設定して使いこなせる高齢者になりたい」

100％同感です。

年を重ねるにつれ、新しい知識の吸収も昔のようには進まなくなってきました。それが当然と、私自身、諦め開き直っていたところもあります。ただ今回、急激に身体と脳の機能が低下した母の姿を目の当たりにし、またその母の見守りと生活サポートのためにスマートホーム製品を導入したことで、私自身の意識が変わりました。

10 年後や 20 年後、もしも長生きしたら 30 年後、私自身の身体や脳の機能が衰えても、最先端の技術を活用してなるべく不自由がない自立した生活を継続したい。

そのためには今から「老後の準備」として、将来の自分を支えてくれるであろう技術に関する情報を集め、実際に使って慣れておきたいところです。私も立派な高齢者予備軍で、記憶力は年々衰退しています。なので生活に必要な情報を整理してクラウドに保存し、いつでも簡単に引き出せるように工夫する――これだって立派な準備でしょう。過去の自分のことを忘れてしまっても大丈夫なように、時間がある時に自分史をまとめておくのもいいかもしれません。どこに住んでいたのか、バリ島に旅行したのはいつなのか、誰と一緒だったのか、写真も一緒に入れておけば将来いつでも見て懐かしむことができます。

予定を入れていたのに当日うっかりド忘れしたり、必要な手続きを漏らしたりするミスも増えてきました。こうしたことも、オンラインカレンダーの通知設定やスマートスピーカーとの連携、リマインダーの活用などで改善できるでしょう。TODO管理アプリとスマートスピーカーを連携させれば、仕事の生産性アップにもなります。

私たち中高年は20～30代でIT革命を経験した世代。そしてAI技術の急速な進化によって、本格的なスマートホーム／スマートシティーの恩恵を享受する最初の高齢者世代となるかもしれません。

「見守りテックを普及させる」
「“スマートシニア”になる」

この2つが、ITを活用した親の見守りと介護に手探りで取り組んできた私に芽生えた、新しい目標です。

■ 著者

和田 亜希子

見守りテックコーディネーター

1970 年生まれ、千葉出身、早稲田大学政経学部卒。1994 年住友銀行（現・三井住友銀行）入社、インターネット検索エンジンの会社などを経て独立。現在は主に Web サイトの企画・制作などを行う。

2015 年に母親が腎臓病で入院したのを機に、食事療法のサポートのため二拠点生活を開始。4 年間の闘病生活を経て 2021 年に父親が他界した後、軽度の認知症を発症した母親の遠隔見守り・生活サポートのため実家のスマートホーム化に取り組む。その体験をブログで公開したところ大きな反響を呼び、取材や連載記事執筆などの依頼を受けるようになる。運営する専門情報サイト「見守りテック情報館」では、離れて暮らす親の見守りに役立つ製品や活用のヒントなどを紹介しており、見守りテック活用のオンラインセミナーの講師も務める。

見守りテック情報館　https://mi-mamori.com/

■ マンガ・イラスト

石玉 サコ

1963 年生まれ。多摩美術大学絵画科油画専攻卒。

30 年以上書籍・教科書・Web などのイラスト多数手がける。現在実父を介護中。

親が心配な人の見守りテック

スマホでできるスマートホーム化の極意

2023年11月6日　第1版第1刷発行

著　　者	和田 亜希子
発 行 者	森重 和春
発　　行	株式会社 日経BP
発　　売	株式会社 日経BPマーケティング 〒105-8308 東京都港区虎ノ門4-3-12
装　　丁	葉波 高人（ハナデザイン）
制　　作	ハナデザイン
編　　集	松原 敦
印刷・製本	図書印刷

Printed in Japan

ISBN978-4-296-20327-7

本書籍に関するお問い合わせ、ご連絡は下記にて承ります。
https://nkbp.jp/booksQA